Serie Bianca Feltrinelli

le mie montagne
gli anni della neve e del fuoco

GIORGIO BOCCA

© Giangiacomo Feltrinelli Editore Milano
Prima edizione in "Serie Bianca" ottobre 2006

ISBN 88-07-17125-2

www.feltrinelli.it
Libri in uscita, interviste, reading,
commenti e percorsi di lettura.
Aggiornamenti quotidiani

Introduzione

Non siamo alla fine della storia, che durerà quanto il genere umano, siamo alla fine di una storia italiana: la storia risorgimentale in cui bene o male mettemmo assieme una nazione, una patria. Chi ha osservato le ultime elezioni politiche si è reso conto che questa storia è finita, chiusa, che sono scomparsi quei personaggi per cui la patria, la nazione e il rispetto per esse erano il comune sentire, ultimo forse il presidente Ciampi. Non se ne trovano più né alla Camera, né al Senato; i nuovi politici sono di un'altra era, appartengono alla nuova storia globale senza patria e senza nazione. Non a caso questo ceto politico ha ripudiato la Resistenza come ultima guerra risorgimentale e promosso il revisionismo storico per liberarsi delle sue impaccianti memorie. Non solo per il calcolo politico di recuperare i voti dei neofascisti, dei reazionari, ma per uscire da una storia conclusa, per avere mani libere nella nuova. Io a questa epoca conclusa appartengo totalmente, e se per mestiere seguo gli inizi della nuova storia nella loro follia, li ho però affidati ai figli, se la vedano loro. Tutta la mia vita si è svolta nel secolo che è finito e a essa appartengono le memorie e le esperienze decisive. Come Dino Buzzati potrei scrivere che "tutte le mattine della vita, alzandomi dal letto e affacciandomi alla finestra della mia camera, ho visto una cerchia di monti. I monti della mia esistenza, stampati non solo nella memoria ma nel profondo della coscienza, da quei monti strettamente condizionato".

Su quei monti ho conosciuto le guerre della mia vita, la fascista e la partigiana, i miei nemici e i miei maestri, fra cui ritorno in queste pagine.

La guerra come azzardo

Non è più tempo di cirioleggiare

Ho visto Mussolini dal vero tre giorni prima della dichiarazione di guerra. Eravamo a Roma per la consegna della M d'oro, la spilla data ai vincitori dei Littoriali invernali, e noi del Guf Torino avevamo vinto la staffetta di fondo a Madonna di Campiglio. Si era nel giugno del 1940, ma a Roma faceva un caldo africano, almeno così pareva a noi costretti a girare per la città in divisa fascista, sahariana nera e stivaloni. Ci avevano sistemati in una pensione che dava sulle terme di Caracalla vicino all'Esedra, in un palazzo che aveva il colore del mattone antico. C'era una padrona in sottoveste nera sciabattante e al nostro piano una cameriera ciociara con un viso contadino rugoso. Prima di andare dal Duce a Palazzo Venezia, pranzammo in pizzeria e ci facemmo qualche litro di frascati, vino traditore che va giù come l'acqua ma ti taglia le gambe. C'eravamo avviati cantando e fischiettando quando una signora anziana in abito nero chiuso al collo alzò severa un suo bastoncino e disse: "Giovanotti, un po' di rispetto, siete nella capitale d'Italia". Con me c'erano due valdostani, e il valtellinese Radaelli che aveva un'osteria a Ponte e ogni mattina stava per ore con il binocolo a seguire i movimenti dei camosci sui pascoli alti di Michelini, camosci che cacciava di sfroso per ricavarne un sugo buonissimo. Al fatto che Roma fosse la capitale d'Italia o di Mussolini o del papa non ci avevamo proprio pensato, troppo complicato per dei provinciali montanari.

A Palazzo Venezia c'erano anche quelli del "Lambello", il giornaletto del Guf Torino che conoscevo. Mi dissero che erano stati ricevuti dal Duce quel mattino e che il Duce aveva fatto loro un discorso poco chiaro ma preoccupante: "Camerati, non è più il tempo di cirioleggiare". Usciti dall'udienza avevano cercato su un vocabolario cosa volesse dire "cirioleggiare", ma sul vocabolario non c'era. Solo più tardi qualcuno avrebbe spiegato loro quella stramba erudizione del Duce autodidatta. Voleva dire: non è più il tempo di esitare, di cercare scuse. Per che cosa se non per evitare la guerra?

Il Duce quel pomeriggio aveva altro da fare che la consegna delle M d'oro; arrivò nella sala in cui eravamo stipati, passò rapido fra noi inneggianti e lasciò ad altri il compito di distribuire i distintivi. C'era un treno per il Nord l'indomani presto. Arrivai a Cuneo in tempo per l'adunata straordinaria davanti al Palazzo Littorio. La folla era taciturna, il camerata Dardanello forse si era già pentito di aver scritto per "la Sentinella delle Alpi" un articolo dal titolo *Duce slegateci le mani*. Il Duce ce le slegava, ci diceva che la dichiarazione di guerra era già stata consegnata agli ambasciatori inglese e francese. Io mi sentii gelare, un pensiero rapido come uno spasimo m'inchiodò al muro cui stavo appoggiato, della casa di via XX settembre della mia infanzia, una coincidenza che aumentò il triste presagio: questa volta ci lascio le penne. In verità lo sapevamo da anni che sarebbe finita così, che il "testone" non avrebbe rinunciato alla tentazione di giocare d'azzardo, uno degli azzardi che gli erano riusciti nel Ventennio. E da mesi sapevamo che potevamo perderci la dolcissima vita; lo sapevamo dai grandi richiami del 1938.

"Dateci i paletti!"

Quello che capimmo in quei frenetici, straccioni, deludenti anni trenta, fu che la guerra era persa prima di cominciare. Dai richiami del 1938, dal Vallo Littorio del 1939 fino all'intervento contro la Francia del 1940, uno spettacolo sconsolante di incuria, di impreparazione, di azzardo e di stupidità. Non eravamo antifascisti, ma il fascismo se ne stava andando da solo con quella sua pretesa di essere un gigante mentre era un nano, con il suo bluff scoperto, con quel suo confrontarsi con le grandi nazioni. Se ne stava andando e non potevi far finta di non vederlo, di non capirlo. Il peggio furono i richiami alle armi di un esercito senza mezzi, senza un vero comando. Ti svegli un mattino nella tua piccola città alpina Cuneo, indossi abiti pesanti perché ha già nevicato sull'incombente montagna, esci per andare a scuola al ginnasio, liceo Silvio Pellico, che sta nella città vecchia vicino al collegio dei Salesiani, dove c'è la piazzetta in cui Garibaldi riunì i primi Cacciatori delle Alpi che solo l'armistizio di Villafranca poté fermare mentre stavano marciando su Trento. Esci di casa e vedi che è in corso uno strano esodo, una lunga fila di poveracci vestiti da poveracci, con il vestito brutto che indossi quando vai sotto le armi e con le valigie di cartone che tiri giù dal solaio quando ti arriva la cartolina rossa, la cartolina precetto del richiamo alle armi, e arrivato in piazza Vittorio, fra la città nuova e quella vecchia, ti chiedi: ma questi dove vanno? Perché le caserme stanno nella città nuova e questi invece si dirigono sui portici di quella vecchia. E quando, come ogni mattino, stai per entrare nei portici li trovi occupati dai poveracci. Le caserme non sono pronte, le brande e i materassi non sono arrivati, hanno buttato uno strato di paglia sotto i portici e lì i richiamati devono dormire. Non si sa neppure come dare loro da mangiare. I mulini privati non hanno scorte sufficienti, quelli dell'esercito sono lontani, fra Piacenza e Alessandria, bisogna aggiustarsi con i panettieri borghesi, pagare i prezzi che chiedono, oppure lasciare che i richiamati si arrangino; vendano ai civili i farsetti a maglia o i teli tenda che hanno appena ricevuto. Quello fu il primo inverecondo spettacolo di un regime che voleva conquistare il mondo avendo le toppe ai pantaloni. Poi arrivò il caos cementifero del Vallo Littorio, che vedevamo sbalorditi con i nostri occhi, noi ragazzi che ogni domenica continuavamo ad andare in montagna. I francesi avevano fin dalla Prima guerra mondiale, da quando l'Italia faceva parte della Triplice, l'alleanza con gli imperi centrali, una linea fortificata che copriva l'intero confine dal mare al Monte Dolent in Valle d'Aosta.

L'ordine di costruire il Vallo Littorio arriva tardi, nel 1938, ed è una corsa disordinata agli appalti di quattrocento aziende senza un preciso piano, con fortificazioni distribuite a caso. I lavori prendono un ritmo frenetico, arrivano dal biellese e dalla bergamasca impresari famelici, alcuni con mezzi ridicoli, un camion e qualche badile, saltano tutti i controlli. Alcune fortificazioni sono prive degli impianti di aerazione, appena si spara i locali si riempiono di gas, i soldati svengono, alcuni si arrangiano mettendo le maschere antigas; in altre mancano i rivestimenti ai muri, l'acqua della neve filtra e può arrivare a metà gamba. I fossati anticarro sono poco profondi.

Anche in montagna le cucine da campo non funzionano, il rancio non arriva. I soldati rimediano come possono, sparano sui camosci delle riserve reali, pescano nei laghi Sella con le bombe a mano, un boato e le trote morte vengono a galla. Camminiamo per le nostre montagne e vediamo come si disfa un regime che si pretende militare e imperiale. Al Colle della Maddalena stanno stendendo i reticolati e il maggiore che dirige i lavori telefona al comando che sta a Bra: "Mi mancano i paletti". Dal comando rispondono: "Cercheremo di farteli avere. Intanto possiamo dire che li state mettendo?". Un giorno mentre siamo al Colle di Tenda, vediamo una lenta carovana militare salire sul colle. Non può usare il traforo: troppo stretto e basso per farci passare i camion giganti da 420 presi agli austriaci nella guerra del 1915-18. Li portano in Val Ruja per una rivista del principe del Piemonte che comanda *pro forma* la nostra armata. Uno dei cannoni giganti sparerà un unico colpo, sfasciando la canna. La posta non funziona, gli alpini ci danno delle lettere da imbucare giù in pianura. Mancano le pile per i telefoni da campo, le radio sono pesanti, intrasportabili in alta montagna. Gli alpini che incontriamo ci dicono che il loro battaglione conta più muli che soldati. Gli autieri del Genio che devono percorrere tratturi impervi hanno trovato un modo per cavarsela: fingono un incidente, fanno uscire di strada la camionetta.

Come funzioni il comando dell'armata lo vediamo con i nostri occhi. Il comando sta a Bra, sistemato in alcuni vagoni letto delle ferrovie e nei locali del ristorante Alli due buoi rossi; le comunicazioni non funzionano e allora ogni comando di divisione spedisce i suoi al fronte per vedere quel che succede. Succede che le auto si bloccano negli ingorghi all'imbocco delle valli, dove le salmerie non riescono a proseguire e i reparti avanzati non ricevono i rifornimenti.

Due nostre armate sono schierate lungo le Alpi, ventidue divisioni, trecentomila uomini con tremila pezzi di artiglieria. E nessuno capisce perché si debba fare la guerra alla Francia dove lavorano un milione di nostri immigrati. L'eccidio di lavoratori italiani ad Aigues-Mortes è stato dimenticato, i nostri sono accolti fraternamente. Perché fare guerra a un paese già vinto, perché "il colpo di pugnale nella schiena" come lo chiamerà Roosevelt? Lo schieramento francese è ormai ridotto al minimo, dai cinquecentomila uomini dell'inizio della guerra con la Germania si è scesi ai pochi del 10 maggio, quando le ultime riserve sono state mandate al Nord per fronteggiare l'offensiva della Wehrmacht. Restano quarantasei battaglioni per complessivi ottantatremila soldati, ma il morale di questi pochi è ancora buono; la linea fortificata è ottima, e come ha scritto lo stratega Clausewitz: "Attaccare la Francia sulle Alpi è come pretendere di alzare un fucile afferrandolo per la punta di una baionetta". Il nostro comando lo sa: anche in caso di sfondamento, dato lo stato delle strade e il numero dei valichi, non potremo avanzare che per pochi chilometri mentre lo spazio alpino francese è di centinaia di chilometri.

Quando il 10 giugno 1940 entriamo in guerra, la tacita intenzione del nostro comando affidato al maresciallo Badoglio è di aspettare che i tedeschi abbiano sconfitto le armate franco-inglesi, cioè il tacito "se io non attacco, voi non attaccate". Ma si può star fermi se a Roma c'è un Mussolini che vuole a ogni costo "qualche migliaio di morti per sedersi al tavolo della pace"? Bisogna attaccare, costi quel che costi. Il prezzo è ancora alto, ce ne accorgiamo noi che stiamo nelle immediate retrovie, gli ospedali non bastano ad accogliere le migliaia di soldati congelati perché mancano le divise invernali di lana e si combatte con quelle estive di tela, perché gli scarponi sono spesso di cartone e non di cuoio e nella notte del 21 c'è stata un'abbondante nevicata. Le notizie che arrivano dal fronte sono catastrofiche: le divisioni che attaccano il valico del Piccolo San Bernardo finiscono in un intasamento generale, è bastata una frana sulla strada e la resistenza di una compagnia di *chasseurs des Alpes* perché si formasse una colonna di chilometri, impossibile risalirla con le autoambulanze e con le cucine da campo. I reparti che attaccano in direzione di Briançon sono inchiodati dalle artiglierie del fronte Chaberton, i nostri carri leggeri, le "scatole di sardine" come li chiamano i soldati, si fermano nei reticolati o per avarie al motore; in un vallone un battaglione di fanteria finisce sotto una postazione di mitragliatrici francese. Il massacro è evitato dal comandante francese, il maggiore Renard, che scende a farli prigionieri: trecentotrentacinque che si arrendono senza colpo ferire. Ma sono le notizie che arrivano da Genova e da Torino a farci capire che da questa guerra siamo in pratica già usciti, se ci staremo fino al settembre del 1943 sarà solo perché tenuti in piedi dai tedeschi. Quali notizie da Genova e da Torino? Nel mare di Genova in pieno giorno è comparsa una squadra francese con quattro incrociatori pesanti e venti caccia e si è messa a cannoneggiare indisturbata le fabbriche di Sestri e di Vado, ritirandosi solo nel tardo pomeriggio: la nostra aviazione non si è vista, i piloti dormivano e nessuno ha pensato a svegliarli. E il 15 giugno l'aviazione inglese arriva su Torino, bombarda la Fiat senza che la nostra contraerea intervenga. E non interviene perché non c'è. Nel Mar Ligure la nostra flotta è arrivata tre giorni dopo l'attacco. Mussolini telefona a Hitler perché gli mandi delle batterie, un Hitler generoso e paziente ritarderà l'armistizio con la Francia fino a quando non sarà accettato anche quello con l'Italia. Dicono che all'ingresso dei plenipotenziari francesi il maresciallo Badoglio trattenesse a stento le lacrime della vergogna. Ma il Vallo Littorio avrà almeno una parte preziosa nella guerra partigiana, ci troveremo le centinaia di mitragliatrici abbandonate dal regio esercito.

Fermati dal tenente Bulle

In Val d'Aosta invece di preparare la guerra il regime si era preoccupato di italianizzare i valdostani, cambiando i nomi dei paesi: al posto di Morgex, Valdigna, di Courmayeur, Cormaiore, di La Thuile, Porta Littoria. Cambio insensato come e più della guerra. I valdostani non erano italianizzabili per la semplice ragione che, nel corso millenario della loro storia, l'Italia in Val d'Aosta non esisteva. Prima che arrivassero i romani diretti in Gallia, nella valle abitavano i celti che erano avanzati fino al Canavese e oltre. Finché erano stati tranquilli e non avevano ostacolato l'avanzata dei romani, li avevano lasciati campare; una volta ribellatisi un console li aveva fatti prigionieri e venduti in gran parte come schiavi sul mercato d'Ivrea, allora Eporedium. Quelli rimasti in valle si erano mescolati con i coloni romani, che poi erano in gran parte legionari arrivati da chi sa dove o patrizi come Aimus e Avilius, impadronitisi delle terre migliori con una fattoria all'inizio della Val di Cogne, precisamente ad Aimaville, come li ricorda il nome. Insomma, la solita mescolanza di stirpi e di storie. La Val d'Aosta aveva seguito per un migliaio di anni i Savoia partecipando alle loro guerre al di qua come al di là delle Alpi, ed è impossibile dire se fossero pro o contro l'attuale Francia. Possiamo solo affermare che la parte più alta della valle attorno al Monte Bianco si chiamava Harpitania dalla parola *Harp* che significa "montagna" nella lingua parlata dagli indigeni, un *patois* simile a quelli occitani, derivanti dalla *langue d'oc*. Ma non fatemi dire sciocchezze. Certo è che quel *patois* era incomprensibile agli italiani, e anche a me piemontese che ci ho messo anni a capire che "gallina" in valdostano si dice "zeleunna".

Ma veniamo alla guerra sulle Alpi. Fare una guerra sulle Alpi era un'idea balorda, ma farla sul massiccio del Bianco pura follia. Si era nella catena più alta d'Europa, con montagne sopra i quattromila metri, con nevi eterne, e ghiacciai che portavano ad altri ghiacciai. Per la Val d'Aosta si arrivava nell'Alta Savoia, cioè in villaggi lontani dalla valle del Rodano per un'ipotetica riunione con i tedeschi che scendevano dal Nord. Per fare quella guerra assurda, cioè per simularla, si pensò di usare gli alpini che stavano in valle, del III reggimento e della Scuola alpina. Divisi in quattro gruppi operativi. Uno che per la Val Veny puntava al Col de la Seigne, da cui scendere a Bourg Saint Maurice, altri tre sul Bianco, cioè su un territorio proibitivo anche per dei buoni alpinisti. Quello del Col du Bonhomme era affidato agli uomini della scuola alpina di Aosta comandati da Giusto Gervasutti detto "il fortissimo". Il gruppo di assalto era comandato dal capitano Fabre e dal tenente Lamberti. Alla loro destra un battaglione alpino sul Colle del Gigante, al comando dell'accademico del Club alpino Renato Chabod, famoso scalatore. Nella zona delle Grandes Jorasses c'era la compagnia dell'accademico Boccalatte e all'estrema destra, al Col Ferret, al confine con la Svizzera, i reparti comandati dall'alpinista torinese Emanuele Andreis. Più che un esercito è un raduno dei migliori alpinisti e sciatori italiani. Non esiste un piano militare per la ragione che non esistono veri obiettivi militari, ma dei villaggi che una volta conquistati restano lontanissimi dai nodi strategici. L'obiettivo del gruppo Gervasutti è il villaggio di Les Contamines sotto il Col du Bonhomme da cui si può arrivare a Megève, una stazione elegante di sci. Dal Colle del Gigante per arrivare a Chamonix bisognerebbe scendere per i quattordici chilometri della Mer de Glace e per i suoi crepacci. Così gli altri due settori. E allora perché mandare su quelle rocce, su quei ghiacciai la *crème* dei nostri alpini se lì la guerra è impossibile? Chi c'era allora conosce bene la ragione che ha fatto dire all'ufficiale che doveva mettere i reticolati al Colle della Maddalena, ma non aveva i paletti necessari: "Posso dire che li stiamo mettendo?".

La ragione di uso comune nel regime di cartapesta: se non ci sono, se non posso, devo almeno far finta di esserci. Gli alpini del resto sono abituati alle assurdità dell'esercito, hanno inventato la parola "naja" che vuol dire: questo è il nostro destino, di sacrifici, di fame, di freddo, di morte, il destino che non si discute dei montanari poveri. Non ha senso fare una guerra per la quale non si è preparati nei luoghi dove farla è una follia. Ma bisogna farla. È naja. Anche in Val d'Aosta i magazzini sono vuoti. Il reparto d'assalto della Scuola alpina non ha una radio da campo e neppure un eliografo, cioè una bandiera a lampo di colore. Per i collegamenti dovrebbe usare una muta di cani lupo addestrati al traino di slitte inutilizzabili sui ghiacciai del Bianco. I nostri arrivano in Val Veny e finalmente vengono informati del loro obiettivo insensato. Hanno gallette e carne in scatola per due giorni, non hanno un medico da campo, solo un infermiere improvvisato con uno zainetto con qualche pastiglia di aspirina, della garza, delle bende e una bottiglietta scura con su scritto "veleno" che è tintura di iodio. Finché si sale per le pietre del cono di deiezione la fatica è sopportabile, ma dove comincia il ghiacciaio e bisogna portare a spalle il treppiede della mitragliatrice Beretta che pesa una ventina di chili, bisogna darsi il cambio ogni cento metri di dislivello. Gli uomini si muovono in un silenzio surreale per una guerra, rotto solo dalle scariche di pietre e dalle piccole slavine. Nell'opposto vallone della Lex Blanche salgono gli alpini del battaglione Duca degli Abruzzi, anche loro diretti al nulla del ghiacciaio di Lechaud. E tutti sanno che se arriveranno sul tetto di ghiaccio non troveranno dei nemici veri, ma i loro simili, i *chasseurs des Alpes*, incontrati ogni anno nei rifugi, con i quali si è gareggiato ogni anno sugli sci e magari festeggiato, come la volta che gli alpini del sergente Prenn, ribattezzato Perenni, hanno vinto la gara di pattuglie alle Olimpiadi di Garmisch. Gli amici diventati nemici sono pochi, quello che resta dell'armata francese delle Alpi, ma ci sono; sono armati e hanno dei buoni binocoli con cui osservano le nostre mosse, dal Col du Bonhomme, dal rifugio del Col du Midi.

L'ordine di operazione è come i discorsi dei gerarchi e dei generali: euforico e ineseguibile, i nostri reparti dovrebbero superare il tetto del Bianco, le sue calotte di ghiaccio, le sue guglie di roccia per tagliare la ritirata a una difesa francese che si è già sciolta da sola, lasciando solo un velo di retroguardia. Nel silenzio che perdura mentre il gruppo di Lamberti si avvicina al colle, qualcuno pensa che non esista più il nemico, che i francesi siano tornati a casa quando hanno saputo della disfatta del fronte nord. Ma non sono tornati tutti a casa. Sul Col du Bonhomme è rimasto con i suoi *éclaireurs-skieurs* il tenente Jean Bulle, lui con il suo binocolo segue tutto ciò che si muove dal Col de la Seigne al Bianco; e quando vede che gli alpini stanno affondando fino al ginocchio nella neve marcita dalla nebbia apre il fuoco. Le raffiche zampillano davanti ai nostri, ma bisogna defilarsi. Lamberti, che ha una memoria buona, annoterà nel suo diario: "Finché le pallottole fischiano sulla tua testa non sono pericolose. Quella che ti uccide non la senti". Arrivano anche dei colpi di artiglieria che partono da postazioni in caverna, nei pressi di Bourg Saint Maurice. Il capitano Fabre si salva per miracolo da una slavina, Lamberti che è più alto lo vede appeso alla piccozza.

Il tenente Bulle e la sua pattuglia hanno fatto il loro dovere fino alla fine, scendono a Les Contamines e finalmente i nostri dal colle possono vedere sotto di loro le quattro case per cui hanno rischiato la vita, per cui alcuni sono morti, come un fratello di Zeno Colò. Il gruppo di assalto viene sciolto, Lamberti e Fabre tornano ad Aosta. Lamberti annota: "È stata una prima esperienza di guerra. Il meno che se ne possa dire: demoralizzante".

I nostri hanno conquistato Bourg Saint Maurice, che dista dal confine una decina di chilometri. Mentre la banda suona per festeggiare la vittoria arrivano dei colpi di artiglieria. Li hanno sparati i francesi del forte di Traversette. Anche loro tornano a casa. Almeno non facciamo prigionieri.

Il penoso armistizio

Verso il mare nella Val Roya l'avanzata della divisione Modena è stata subito bloccata, la divisione Cosseria si è praticamente persa nell'entroterra di Sospel, i soldati hanno camminato per trenta ore e al primo contatto con i francesi si sono fermati sfiniti. "Sono giorni," osserva il ministro Bottai, "di combattimenti tentati più che compiuti." Il treno armato con quattro cannoni da 152 esce dalla galleria sotto i giardini Hambury e viene subito centrato dalle batterie francesi di Cap Saint Martin e retrocedendo s'incastra con un cannone nella muraglia. Il generale Gambara, comandante del XV corpo di armata, ha deciso di fare due sbarchi a Mentone. I mezzi da sbarco stanno nel porto di Sanremo, sono dei barconi con motori fuoribordo. Dopo una prova ne rimangono utilizzabili solo otto, e mentre nella notte navigano verso Mentone vengono sospinti dal mare grosso sul promontorio della Mortola. Si rinuncia allo sbarco, nessuno capisce perché si siano impiegati dei reparti della Milizia senza addestramento quando c'è a Imperia il Battaglione san Marco, fanteria di marina. Forse Gambara ha voluto crearsi dei meriti presso il partito. Il giorno 23 una colonna scesa dalle montagne occupa Mentone. Osserva un ufficiale dello stato maggiore: "Solo venendo a contatto con la linea difensiva francese ci sarebbe stata una vera battaglia di rottura, la quale invece non ci fu né poteva esserci". Come a dire: non abbiamo fatto una guerra vera perché non eravamo in grado di farla.

Abbiamo avuto seicentotrentuno morti e seicentosedici dispersi. Chi sono questi dispersi, se il campo di battaglia è tutto percorso da strade e ferrovie? Sono dei disertori, a migliaia come ce ne furono in tutte le guerre. I francesi hanno perso trentasette uomini e quarantadue feriti.

Già la mattina del 17 giugno il plenipotenziario Baudoin (gli stessi nomi appena aggiustati da una parte come dall'altra di un confine inventato: Baudoin è Baudino, Giraud è Giraudo, Serrat è Serrati) ha presentato al nunzio apostolico monsignor Valeri le proposte francesi. Due le condizioni: l'impossibilità di consegnare la flotta che è già pronta ad autoaffondarsi e "la ricerca comune di una pace durevole" cioè che la Francia venga trattata come una grande potenza. Gli italiani accettano pur di fare in fretta. Giunge a Roma per concludere il generale Hutzinger, gli italiani chiedono di poter presidiare il territorio conquistato, praticamente nulla. Mai nella storia si sono visti dei vincitori così pieni di vergogna di fronte ai vinti. I delegati francesi non hanno ancora finito la lettura, che i nostri gli vanno incontro per stringer loro le mani; Ciano, Badoglio, Pricolo e Roatta sono turbati e affettuosi. Hutzinger ha ancora da chiedere se possiamo lasciargli i pochi aerei rimasti, Badoglio acconsente. Poi c'è da risolvere la spinosa questione dei fuoriusciti antifascisti, i francesi chiedono che si capisca il loro stato d'animo: non possono consegnarci persone cui hanno dato ospitalità. In nessuna clausola dell'armistizio si parlerà dei fuoriusciti. All'Italia fascista va bene che se ne taccia, l'opinione pubblica scoprirebbe che migliaia d'italiani sono riparati all'estero. La firma avviene alle 19:16, Hutzinger si congratula con Badoglio "per l'alto stile con cui ha diretto le trattative", Badoglio risponde: "La Francia è una grande nazione con una grande storia e sono sicuro che non le potrà mancare l'avvenire". Già appare la trama della grande alleanza conservatrice che si formerà nell'Europa occupata dai nazisti, la Francia è pronta al petainismo, l'Italia ha già rinunciato alla Tunisia e alle altre colonie francesi dimostrando di non avere in mente alcuna strategia: nei giorni che seguiranno tenterà timidamente in Libia un'offensiva contro gli inglesi, che sono comunque un osso duro, e lascerà tranquilla la Tunisia praticamente indifesa, che ci assicurerebbe il controllo del Canale di Sicilia e delle comunicazioni fra il Mediterraneo orientale e quello occidentale, che poi dovremo difendere con perdite pesantissime. Non sappiamo vincere neppure per finta, il Duce ha la pessima idea di visitare i campi di battaglia. Hitler si fa fotografare sotto l'Arc de Triomphe e alla tomba di Napoleone, e Mussolini va su e giù per le valli alpine dove non c'è quasi traccia della battaglia. Che pensano gli italiani di questa guerra? Si rendono conto che sono bastati quei pochi giorni a segnare il nostro declassamento sullo scenario mondiale, la fine della nostra propaganda imperiale? Molti capiscono, ma si adattano; dopotutto ci siamo schierati dalla parte del vincitore tedesco, raccoglieremo le briciole della sua vittoria, comunque sempre meglio che niente. Ci sono anche degli intellettuali che non capiscono, come Cesare Pavese che nel suo diario scrive: "La guerra rialza il tono della vita". Meglio il fascista raziocinante Fidia Gambetti: "In guerra gli uomini incominciano a mostrarsi come sono. Pochi coraggiosi senza ragione, i più con dentro quella terribile domanda: ne uscirò vivo?".

Notabili e maestri

Il figlio del ministro

Se penso alla Cuneo degli anni trenta quando ero ragazzo mi rendo conto dei cambiamenti incredibili avvenuti nel secolo. In vacanza in Valle Stura, a Pietra Porzio, si andava in diligenza, a cavalli, partenza dallo stalliere Cuniberti proprio davanti casa nostra in via Francesco Crispi. Era un viaggio lungo ma comodo, ci potevamo fermare a bere a una fontanella, a comprare le buone susine di San Rocco Castagnaretta. Poi la strada saliva nella Valle Stura. Si passava Demonte e poi le fortificazioni di Vinadio, muri spessi metri, ponti levatoi, i cavalli cominciavano a sudare e ansimare, il carrettiere Cuniberti che faceva schioccare la frusta. La Cuneo che ci eravamo lasciati alle spalle era per noi la più bella delle città, con la parte vecchia ancor chiusa nei Bastioni dei sette assedi e la nuova, verso la montagna, con i palazzi recenti di corso Nizza, alcuni con i tetti a cupola come il Negresco di Nizza sulla Promenade des Anglais. Perché il nostro modello era quello francese non Roma, non Firenze, altri mondi che esistevano solo sui libri di scuola. Eppure quella Cuneo era ancora in gran parte fatta di legno. Di legno i tavolati di piazza Elena per farla diventare la domenica un campo di calcio, di legno i banchi del mercato grande del martedì, di legno il combustibile delle tramvie, i tronchetti di frassino che il fuochista buttava nella caldaia e quando era buio ne venivano fuori piogge di scintille ardenti. E uno dei fuochisti era Giuseppe Lisi, padre di Franco Lisi, mio compagno alle elementari, che andò in aviazione e morì nel cielo dell'Egitto, e se penso a tutto ciò che sua madre e il fuochista suo padre fecero per tirarlo su nella più mera povertà, mi torna l'antico dolore; e sì che sono uno che i dolori degli altri li sopporta bene, ignorandoli. Di legno erano i banchi di scuola sui quali generazioni di alunni avevano scavato tortuosi canyon in cui l'inchiostro aveva lasciato tracce argentee e rugginose come sulle lande gelate e infuocate di Marte. E ci piantavamo le punte dei pennini da cui ricavavamo celesti melodie. Era di legno anche il binario che avevamo posato su un canale vicino a casa nostra per farci passare un veicolo a rotelle di legno.

In quella Cuneo affidata alle memorie fotografiche del dottor Scoffone c'erano due notabili antifascisti, ma che il fascismo non era riuscito a sottrarre alla venerazione dei concittadini: i ministri giolittiani Galimberti e Soleri, esiliati in patria ma presenti nella loro casa, nella piazza principale della città, allora piazza Vittorio. I Galimberti di fronte al palazzo di giustizia, e il suo orologio illuminato di notte, i Soleri a capo della piazza dalle parti del Duomo, che non sembra proprio un Duomo perché la facciata è stretta fra le case di via Roma e non si vede che corpo abbia, quale abside, quali cappelle laterali. Un duomo cuneese, quasi invisibile, murato nel vecchio corpo cittadino, protetto nei secoli dai cannoni degli assedianti franco-ispanici, colpi di cannone ancora visibili nelle case della via principale, che come via Dora Grossa a Torino era anche la strada in cui veniva dirottata la bealera grande per spalarci dentro la neve. Ho un vago ricordo del senatore Galimberti, già ministro delle Poste e telegrafi. Dei Galimberti restavano in quella Cuneo la moglie del ministro, poetessa, e il figlio avvocato di nome Duccio, strano per Cuneo. Galimberti non ci era simpatico. Qualche sera lo incontravamo in corso Nizza vestito di nero che camminava veloce rasentando i pilastri dei portici segnati dal faccione nero del Duce, stampato a inchiostro, minaccioso ma non tanto, il testone, come lo chiamavano, con l'elmetto in testa. Si aveva l'impressione, vedendolo camminare rapido fra i pilastri e gli stampi neri del suo nemico, di colui che lo aveva bandito dalla vita politica e dalla società, che difendesse in qualche modo la sua orgogliosa solitudine. Aveva un gruppo di amici fidati: l'imbianchino Dado Soria, l'impiegato, non ricordo di cosa, Gianni Ellena, entrambi scalatori famosi, Detto Dalmastro, il reggente dell'Automobile club, il calciatore e commerciante Ciocca. Noi giovanotti lo collocavamo fra i personaggi misteriosi, strani fra i cuneesi un po' anomali, come il geometra Antonino che esponeva nella vetrina del suo studio un modello di grattacielo in attesa di un improbabile costruttore, il sarto omosessuale e quello che stava sempre al Caffè Gerbaudo a giocare a carte nel *réservé* e che poi morì inabissandosi nell'Atlantico mentre tentava una trasvolata Cuneo-Rio de Janeiro; mi pare si chiamasse Brondello. Vestiva sempre di nero, l'avvocato Galimberti, aveva la erre moscia, che ci arrivava sul viale degli Angeli quando giocava a tennis e rispondeva *ready*. Aveva una fidanzata non ufficiale l'avvocato, la signorina Domeneghetti, bellissima ma un po' zoppa, che noi chiamavamo "Tientsin" perché aveva occhi a mandorla. Non presentabile in società, che del resto evitava perché guardata da tutti con i sospetti feroci della provincia. Stava dalle parti della stazione nuova, non aveva amici, chi sa come aveva incontrato Duccio. E noi giovanotti ci chiedevamo che cosa fosse quella relazione morganatica fra la curiosità e lo scandalo. Così fummo sorpresi quel giorno dell'agosto 1943 quando vedemmo Duccio parlare dal balcone di piazza Vittorio circondato dai suoi amici che con stupore scoprimmo antifascisti, fra cui alcuni che non avremmo mai pensato, come il professor Ruta e il tipografo Felici.

Quella volta Duccio disse semplicemente le cose che nessuno a Cuneo voleva credere: che la guerra sarebbe continuata anche sotto il governo Badoglio e che la resa dei conti con i tedeschi prima o poi sarebbe arrivata. Allora Detto Dalmastro non volle dirci di più di quel che si preparava con Galimberti e i suoi amici, ma incominciò un viavai fra la caserma del II alpini e lo studio di Duccio: la fuga delle armi che dovevano servire alle prime bande partigiane, un traffico diretto da Detto e dal tenente Dunchi, uno scultore toscano che un giorno caricò una carretta di armi e munizioni e uscì dalla caserma diretto alla montagna di Boves. Tutto si risolse l'8 settembre. Noi ufficiali siamo nel cortile in attesa di ordini del colonnello comandante. I tedeschi sono già a Torino e una colonna di ss si dirige su Cuneo. La nostra IV armata in ritirata dalla Francia sta scendendo in pieno disordine dal Colle di Tenda. Arriva finalmente un ordine: il colonnello ci manda fuori con due compagnie e due pezzi anticarro a bloccare il viadotto sulla Stura. Se arrivano i tedeschi che facciamo? "Spariamo," dice il tenente Aimo. Guardo il ponte vuoto e lunghissimo, un chilometro di strada libera, a che distanza sparare? Gli alpini che manovrano i pezzi mi guardano: sono dei contadini di diciotto anni, delle reclute che abbiamo istruito nei giorni scorsi. Sono pallidi, hanno paura, non capiscono quel che sta accadendo. Noto quello con la barbetta bionda, è del Passatore, gli altri due di Catignano, potrebbero essere a casa loro in due ore a piedi, mi guardano come a dire "tenente, ma cosa facciamo qui?". Facciamo che il colonnello Zoccolari non ha ancora deciso il da farsi, eccetto che mandare in salvo su camion i vasi di gerani che tiene nella sua stanza, li ha mandati a Tetto Gallotto dove ha una casa di campagna. Del generale Verzellino comandante della IV armata non si sa niente, il suo aiutante dice che è partito a mezzogiorno in punto per ignota destinazione. Noi del posto di blocco sappiamo dove sta andando, è passato su un'auto a tendine abbassate con la bandierina con le tre stelle d'oro del comando di armata. L'autista ha appena rallentato e ha gridato: "Comando di armata". Noi guardiamo muti la macchina che se ne va, dentro abbiamo intravisto generali in abiti borghesi. Il colonnello comandante deve essersi dimenticato di noi qui sul ponte con i due cannoncini anticarro con cui dovremmo fermare una colonna corazzata tedesca. "Torniamo in caserma," dice Aimo. "Ma non abbiamo l'ordine," ribatto. "Gli ordini," mi fa lui, "ce li diamo noi." Non è proprio così, gli ordini non li dà più nessuno, quando arriviamo in caserma i portoni sono spalancati, se ne sono andati via tutti, il colonnello come le reclute. Ci sono Detto e Soria e qualcuno di quelli che erano con Duccio al balcone di piazza Vittorio. Dicono: "Ci vediamo stasera alle nove da Duccio". Vado a casa per prendere un po' di biancheria. Mia madre insiste per i fazzoletti e la maglia di lana e mi raccomanda: "Non fare tardi stasera". Ci rivedremo dopo ventisei mesi. Mia nonna tranquilla dice a mia madre: "La su i saran i so cumandant". Sono queste tradizioni militari che sveglieranno la sonnolente città di provincia o altro che non avevamo capito? Scende a Valdieri dove ha la casa paterna l'avvocato Livio Bianco. Nel suo diario di quel giorno ha scritto: "Davanti casa ho visto qualcosa luccicare sulla strada, mi sono chinato a raccoglierla. Era una stelletta militare. Me la sono messa in tasca e ho pensato: ora che i soldati le buttano dobbiamo mettercele noi". La minoranza ribelle mescola ira a disprezzo per chi getta le armi, si chiude, si fortifica nel suo orgoglio, non vuole sentire ragioni.

Duccio lo rivedo il 17 settembre quando le ss del maggiore Peiper attaccano e incendiano Boves. Noi scendiamo dai Damiani, lui da San Matteo. Non è più vestito di nero, ma da alpinista: un maglione con i ricami di cervi e cristalli, pantaloni da roccia, scarponi Vibram. Ed è un altro uomo, un fratello maggiore che mi saluta come un fratello. Partiamo su due camion, in piedi nel cassone stretti gli uni agli altri con quei fucili 91 alti due metri che non sappiamo come impugnare. Si viaggia verso l'ignoto, non sappiamo nulla dei nostri, di Aceto e di Dunchi, e nulla dei tedeschi. Ci fermiamo sulla piazza della chiesa a Borgo San Dalmazzo. Da Cuneo arriva un camion, carico di soldati. Quando ci sono a fianco e rallentano li riconosciamo, sono tedeschi. Dal mio fucile parte un colpo con un fragore enorme nella sera gelida. Con uno strappo il camion dei tedeschi va per la strada di Roccavione, con uno strappo partiamo noi verso Boves. Passiamo il ponte di ferro sul Gesso con il cuore sospeso, ma non c'è un blocco nemico. Arriviamo al santuario di Fontanelle. Scendiamo e quasi subito arrivano delle suore con pentoloni di brodo caldo. Duccio è di nuovo il notabile: "Non dovevate disturbarvi sorelle", mormora. Poi mi vede e dice: "Giorgio vieni con me, andiamo a Boves". È troppo tardi, centinaia di case a Boves stanno già bruciando. Non resta che tornare al ponte di ferro per tendere un agguato ai tedeschi quando torneranno a Cuneo. Ma non ritornano per la strada del ponte, vanno a Cuneo per quella che passa per la Basse del Gesso. Il nostro intervento è fallito. Ci separiamo a Valgrana, dovremo camminare a piedi per raggiungere San Matteo e i Damiani. "Salutami Detto," ha mormorato Duccio stringendomi la mano.

Detto Dalmastro era uno che vedeva chiaro e lontano in un mondo d'ignoranti e di visionari. Aveva trentadue anni, ma allora dieci anni ne valevano cinquanta, per noi aveva la saggezza di un profeta, il solo nome Detto risolveva tutti i nostri contrasti e incertezze: era la nostra legge. Detto, quando nessuno di noi ci pensava, aveva preso contatto con Costanzo Picco, un ufficiale degli alpini che dopo l'armistizio era rimasto nella Francia di Pétain alleata dei nazisti. Lui e il maggiore Marchesi, che poi divenne il capo del nuovo esercito italiano. Chi gli aveva dato l'ordine di stare in Francia e per fare cosa? Nessuno di noi fondatori delle bande glielo ha mai chiesto, ci bastava sapere che aveva lavorato per assicurare le comunicazioni con il governo del Sud. Neppure io, né allora né dopo, glielo ho chiesto, anche se eravamo compagni di montagne e di sci; ci bastava sapere che era una faccenda coperta da un certo segreto, una faccenda un po' magica. Insomma, mentre noi eravamo inchiodati sulle nostre montagne, Picco aveva stabilito i primi rapporti con il *maquis* francese, e poi quando la Francia fu occupata dagli americani aveva trovato anche gli aerei per andare e tornare da Roma con i soldi per il comando piemontese e con le fotografie del principe Umberto per i comandanti monarchici che c'erano anche nelle nostre formazioni repubblicane. E Picco arrivò una notte al Col Sautron assieme a due del *maquis* per combinare l'incontro di Barcellonette. Questa volta Detto chiamò Duccio, che era diventato il comandante dei Gl piemontesi, e mi aggregò alla spedizione. Le guide francesi abituate alla segretezza del *maquis* erano di una cautela che a noi abituati a vivere e a combattere a viso aperto sembrava insopportabile. Sotto Larche, invece di proseguire per la via nazionale, ci fecero piegare a sinistra e salire per cinque ore lungo la montagna fino a raggiungere un forte, mi pare quello di Traversette, rimasto intatto con tutte le sue torrette puntate sull'Italia. Ci riposammo per due ore su uno strato di paglia dove presi, per la quarta o la quinta volta, dei pidocchi piccoli e bianchi. Arrivammo a Barcellonette che annottava, ci aspettava il comandante francese Max Jouvenal. Io caddi "come morto cade", fulminato dal sonno e dalla fatica, Detto e Duccio che avevano undici anni più di me erano ancora in grado di discutere.

Duccio viene catturato a Torino in dicembre, i fascisti di Cuneo se lo fanno consegnare, lo torturano e lo uccidono simulando una sua fuga. Un ragazzo che passa per il campo vicino a Centallo sente il comandante fascista gridare "sparate su quel bastardo". Lo lasciano lì per due giorni in un fosso.

Chi era veramente il Duccio dell'esilio nel fascismo? Che avrebbe fatto nell'Italia liberata?

Bona parin

Sono contadini anche quelli della montagna fra cui vive la ribellione. Spettatori di prima fila, spesso coinvolti. Sanno poco dei motivi politici della ribellione e ascoltano senza convinzione le promesse dei partigiani: avrete una casa nuova, avrete la luce, la strada. Ascoltano e tacciono: conoscono la storia, nella montagna quasi niente è cambiato, di case e di strade se ne sono viste poche. Non è il calcolo che decide a favore della ribellione, ma l'istinto, le memorie. Nei ribelli, i valligiani si riconoscono: sono ragazzi della provincia, parlano il dialetto, conoscono le canzoni, le usanze, gli ricordano i figli, i fratelli morti in Russia. Nei primi mesi i rapporti non corrono sempre lisci, di fronte alla roba il valligiano ragiona da povero, quello che ha lo difende con le unghie e con i denti. "Amico, dicci dove hai sepolto i bidoni di benzina, dove hai nascosto il contrabbando di tabacco e di caffè che hai appena portato dalla Francia." Non parla, si farebbe fucilare piuttosto che parlare. Ma se trovi il nascondiglio non protesta, non prova rancore: è andata così. La montagna lo ha abituato ai grandi egoismi ma anche alle grandi generosità. Lo stesso che mette a rischio la vita per nascondere il bottino, se lo gioca per aiutare il partigiano ferito, e t'insegna la filosofia montanara della sopportazione, a stare senza lacrima di fronte alla baita incendiata dai tedeschi. C'è anche l'amore in quella convivenza fra cittadini e montanari. Di sera si veglia nelle stalle, le vecchie fanno la maglia, i giovani cantano e ridono. Le ragazze sono infagottate, abbronzate dal sole e dal freddo, le calze di lana nera, le mani callose. Un giorno arriva il desiderio rapido e violento. L'incontro casuale. Il colloquio lento e impacciato, l'abbraccio. Questo scomodo amore a frasi fatte che annulla le lontananze e le differenze. La montagna arriva alla ribellione lentamente, guardinga attraverso i piccoli incarichi ausiliari: "Tienici questo grano, faccelo macinare, imprestaci il mulo, fammi lavare la camicia da tua moglie". E si arriva a un rapporto di vita e di morte, migliaia di partigiani feriti nelle case delle famiglie di montanari, c'è anche il terrore comune che ti lega. Boves ha aperto la stagione del terrore. Il 31 dicembre, quando i tedeschi tornano a Boves, la saldatura resistenziale fra partigiani e montanari è avvenuta: si vedono dei civili sparare fino a morte sicura, dall'alto del campanile.

I nostri montanari ai Damiani erano presenze quasi faunesche, personaggi strani del bosco. C'era Garibaldi, il mattocchio che girava per la montagna, non si capiva in cerca di che, e c'erano quelli di Monterosso, del sentiero che passava sopra Monterosso per cui si arrivava a San Matteo: due fratelli rientrati dalla Francia del Sud che coltivavano fiori. Uno non usciva mai dalla baita, non si lamentava, attendeva il suo destino, l'altro invece, Miliu, magro come un chiodo ma ciarliero, gli si accendevano gli occhi e straparlava: "Qui", diceva indicando uno spiazzo nella boscaglia, "faremo l'aeroporto, così potranno partire da Nizza, da Marsiglia e venire qui a prendere il fresco. Il comando d'armata lo mettiamo laggiù, ma se arriva qualche gerarca: calci in culo". Un giorno passiamo assieme ai quattro inglesi che si sono buttati da un aereo in fiamme con il paracadute sul Monte Sabin, e Miliu vedendoli si mette a fare il suo balletto di guerra e grida nel silenzio del bosco: "Arrivano i rinforzi ai Damiani". Era tutt'altra cosa il vecchio Marella che sarà stato anche lui sui trent'anni, ma a noi sembrava vecchissimo. Prima di lui conoscemmo sua moglie Tina. Salivamo ai Damiani con il mulo Benito, preso in un accampamento dell'esercito alla disfatta e lui, stufo dei nostri incitamenti maldestri, del nostro tirare senza ragione le cinghie del morso, partì di furia facendo schizzare via le pietre del sentiero. Ma come si avvicina alla casa dei Marella, il boscaiolo, esce fuori sua moglie Tina, larga come un armadio, a suo modo bella, che gli si para davanti, stende un braccio e lo inchioda. Allora vedemmo lui, Marella, che stava sulla porta e sorrideva. "Beivumne una," diceva Marella e ci apriva la porta; ci sedevamo attorno al tavolo nero di noce e lui distribuiva bicchieri. Marella ci dava da bere, ma parlava solo con Detto che era un suo coetaneo, noi eravamo considerati ragazzi che non avevano nulla da dirgli, da spiegargli. "Ti cosa ne disi del Benito?" chiedeva a Detto del Mussolini che avevano appena liberato dal Gran Sasso, e ci sembrava quasi impossibile che uno della montagna s'interessasse del Benito, della politica. Un giovane borghese qual ero, se incontrava un montanaro gli parlava come se fosse un'altra razza subalterna. "Cuma la va parin?" "Pa mal, pa mal." "L'eve del butir." "Dermage l'uma finilu." "Bona parin." "Bona" e via.

Ma adesso, nell'ottobre del 1943, le cose sono cambiate, molto cambiate, in montagna dobbiamo viverci, con Marella dobbiamo fermarci a berne una, a ragionare; dai valligiani dobbiamo imparare a badare al mulo, a portare pesi, a cercare il cibo, a cuocere il cibo, a cercare armi, munizioni, a riempire i carri di fascine e a spargere la segatura sopra le armi. Prendere armi, sotterrare armi, spostarle, dovunque, nei boschi, nelle malghe, nelle tombe dei cimiteri, trovare farina, lardo, olio, castagne, capire che per portare al fuoco una squadra partigiana di dieci ne occorrono altrettanti per i servizi, per fabbricare un giaciglio con tronchi di pino incastrato, letti con le cortecce di betulla coperti da sacconi di foglie. Con noi giovani Marella taceva, parlava con Detto a voce bassa quasi all'orecchio. Marella ci informava di quel che accadeva in valle. "Sono passato a Valgrana e ne ho visti un migliaio. Domani vengono a cercarci. Posso dirvi che cosa accadrà? Voi sparate e poi ve ne andate ma a noi ci bruciano la casa. Questo sbaglio lo faranno certamente, mi bruciano la casa, la legnaia e io sono per forza contro di loro." Incontrai Marella durante il rastrellamento, poco sopra Saretto, mentre scendevo con Antonio per coprire il nostro fianco sinistro. "Sono al mulino," ci disse Marella, "tenetevi alti."

Nella notte dai Damiani si vedeva la casa di Marella ardere come una torcia. Lo raggiungemmo tre giorni dopo quando distribuimmo i soldi che erano arrivati da Torino dal comando regionale. "Tenga Marella, ce li mandano da Torino." "Cos'è?" chiedeva lui. "Soldi, tremila lire." Lui sorrideva e fece un gesto con la mano. Si capiva quel che pensava: "Via bambini, ma cosa credete, che un pugno di lire bastino a pagare la casa in cui si è nati?". Noi lo guardavamo, guardavamo il rogo della segheria e lui ribadiva: "Lo sbaglio lo fanno sempre. Hanno bruciato tutto, adesso di cosa posso avere paura?". Si erano salvate alcune bottiglie di quel vino un po' acido fatto con le uve Morra verso Cherasco, terre di sabbia e di gesso, ma quel vino ci legava a vita con il vecchio Marella.

Quelli di Livio

Era antifascista anche Dante Livio Bianco. Eravamo in montagna da due mesi ma eravamo già duramente faziosi. Noi dei Damiani eravamo "quelli di Galimberti"; gli altri di San Matteo "quelli di Livio". Faziosi al punto che quando Livio venne a trovarci e Vinicio il cuoco fece degli gnocchi che rimbalzavano sul piatto, duri come pietre, ci divertivamo a vederlo trangugiare a fatica. Duccio era figlio di un ministro, Livio di un sarto emigrato a Nizza che aveva fatto un po' di soldi, era tornato a Valdieri e aveva fatto studiare i figli, Dante Livio e Alberto. E Livio era andato a Torino ed era diventato un grande avvocato nello studio di Manlio Brosio. Per me Livio era un caso indecifrabile: non era un politico, non aveva voglia di esserlo e scriverà al suo amico Giorgio Agosti: "Per me i venti mesi della guerra partigiana sono stati una lunga splendida vacanza, ma adesso voglio soltanto fare il mio mestiere, l'avvocato, che mi fa guadagnare bene. E tu sai che a me piace vivere bene". Tutto chiaro? Per niente, l'uomo cui bastava vivere bene era di un orgoglio intellettuale luciferino, lo si capiva dal suo bel volto magro, dai suoi occhi, a me ricordava il Bruto shakespeariano dall'ambizione più grande che l'amore per Cesare. Voleva vivere bene ma essere anche il primo, dovunque, nello studio di avvocato come nella guerra partigiana. Non voleva passare una vita a contendere i voti con l'altro avvocato di Cuneo, Galimberti, ma non sopportava di essere secondo dietro a lui. Sono strane gelosie feroci, le rivalità che trovano il loro campo preferito durante i periodi rivoluzionari come quello partigiano in cui pare che si stia ipotecando il futuro. Entrambi andavano in montagna alla maniera degli intellettuali antifascisti: la montagna come il sostituto della sfida civile, come luogo fuori dal fascismo, come mezzo per radunare i primi fedeli. Duccio era un entusiasta e anche un ottimista, Livio lucido e pessimista. Un giorno sul Monte Tamone, il più avanzato verso la pianura, mentre guardavo la lontana Cuneo, come leggendomi nel pensiero diceva: "Andrà già bene se non ci metteranno dentro". Eravamo in montagna da due mesi e la lotta per il primato fra i due era già cominciata e noi, "gli ometti", come Livio amava chiamarci non a caso, i partigiani semplici, quelli che non avevano parenti ministri e amici influenti, capivamo benissimo qual era la posta in gioco: il primato. Entrambi, ma Livio in particolare, non sopportavano che ci fosse nelle bande qualcuno che gli contendesse il primato. Sopportavano Detto perché era prezioso e umile, pronto a ceder loro il passo nella corsa finale.

Duccio era ambizioso ma non morso dall'invidia, sfogava le ambizioni nell'azione, nelle fatiche. E Livio più si sentiva sorpassare da quella vitalità, più si chiudeva nei silenzi e nel rancore, più coltivava i suoi rapporti con Giorgio Agosti e gli altri intellettuali torinesi della sua cerchia. Lo scontro finché entrambi erano in montagna viene coperto dalla durezza della guerra partigiana, perché loro come gli "ometti" devono pensare a tutto il resto, a salvare la pelle, a trasportare pesi, a camminare, a trovare armi, a scendere in pianura per i primi scontri con i "neri". E nel gennaio del 1944 il duello sembra risolto: Duccio ferito a una gamba scende in pianura, guarisce, va a Torino come comandante dei Gl piemontesi, mentre Livio resta in montagna e mal sopporta la crescita di noi dei Damiani, uomini di Detto cioè di Galimberti, che diamo via a nuove brigate, ma separate da quelle di Livio. Agosti tiene informato Livio sulle mosse di Duccio "che è intelligente, attivo, ma così diverso da noi", e la fazione continua dentro la solidarietà partigiana: rapporti incomprensibili fuori dalla guerra, una partita politica e intellettuale che, senza violare i doveri della lotta comune, la percorre come un filo rosso che qua e là traspare, come un figlio illegittimo, come una passione celata ma non troppo che più si rende conto di essere spropositata e assurda, e più cresce. Giorgio scrive a Livio che Duccio lavora bene "ma è un po' il monumento di se stesso, uno che corre per conto suo" e la rivalità cresce come la volta che Detto combina per Duccio l'incontro con i *maquisard* francesi a Barcellonette e Livio non ha pace finché non risponde con un incontro che avviene in Val Maira al Saretto.

Livio trasmetteva la propria faziosità ai comandanti delle sue bande, anche le vecchie amicizie non resistevano, come la mia con Nuto Revelli o con Fausto Dalmazzo: ci si guardava sempre con un'ombra di sospetto, di rivalità. E Livio cercava di mettere zizzania anche fra i fedeli di Detto, scriveva ad Agosti di me e di Aurelio Verra: "Sono capaci, bravi, coraggiosi, ma con tutti i difetti che li rendono odiosi ai dipendenti". E cosa mai ne sapesse lui, che si era spostato in Valle Stura, di noi che eravamo andati prima in Val Marra e poi in Valle Varaita? Poteva saperlo solo chi raccoglie le voci dell'invidia di chi cerca scorciatoie alle proprie personali ambizioni, nel nostro caso gli ufficiali di carriera monarchici che volevano arrivare alla fine in posti di comando. Mi accorgevo che Livio non ci amava, ma vivevo questa conflittualità come una gara sportiva, avrebbe vinto chi rischiava di più, chi lavorava di più. Non era così. Io partivo per le Langhe con due brigate e lui scriveva ad Agosti: "Lo abbiamo visto alla partenza delle due bande per le Langhe con molta sorpresa e abbiamo saputo che andava giù come comandante della spedizione. Scelta a nostro modesto parere infelicissima. Ma tutto questo per favore che non sia detto, se no siamo i soliti maligni e piantagrane". E qui la faziosità diventa nepotismo, perché Livio aveva scelto come comandante della spedizione nelle Langhe il fratello Alberto.

Arrivammo allo scontro diretto nel municipio di Monforte, nella sala consiliare che aveva i seggi in un emiciclo e sembrava ritratta da una stampa della Rivoluzione francese. Livio su un seggio in alto di fronte a noi, come Robespierre che accusa. A Monforte c'era un segretario comunale giellista, un intellettuale di provincia completamente sedotto da Livio, che aveva già scelto come punto di appoggio per Alberto una banda di giellisti locali comandata da Libero; ma io arrivo prima di Alberto, incontro Libero, lo rifornisco di armi e lo aggrego alle nostre bande. Livio piomba a Monforte, furente, si alza a parlare pallido e teso, l'idea che un ometto come me abbia l'ardire di sbarrargli la strada lo fa impazzire, non tollera che resista alla sua arroganza. Ma sono più calmo di lui e sorrido quando se ne va gridando: "Chi ha più filo farà più tela". Di filo ne aveva più lui. Ho trovato in un diario di Giorgio Agosti le sue insistenze rabbiose per ottenere il nostro allontanamento fino al 17 febbraio 1945, quando Agosti può comunicargli: "Avrai già letto le lettere ufficiali e immagino che come al solito tutti saranno scontenti. Ma tu sai che in un modo o nell'altro il nodo andava tagliato. Abbiamo sacrificato in pieno Giorgio e Aurelio". E adesso ne sorrido, ma quando arriva l'ordine di lasciare la x divisione che avevo appena formato lo avrei strozzato, il nostro Robespierre. Comunque partii con il fido Ercole Cantamessa, mia guardia del corpo dal primo all'ultimo giorno e tornai in montagna. E ritornai con la memoria ai Bianco delle mie vacanze a Valdieri, quando assieme al loro cugino Aldone Quaranta uscivano in bicicletta guardandoci dall'alto in basso. Livio lo rividi solo una volta in un giorno feriale al Sestriere sulle nevi del Sises. Era lì per una lezione di sci. Mi fermai a salutarlo. Sembrava stupito che un ometto come me andasse a sciare in un giorno feriale.

Il cappello del Presidente

Fra i notabili massimi della "granda" provincia ci sono gli Einaudi: Luigi presidente della Repubblica, Giulio editore, più fratelli e cugini imprenditori, musicisti, avvocati tutti in qualche modo celebri, perché nella provincia le grandi famiglie sbocciano improvvisamente nel nostro povero orto, se uno fa fortuna per i suoi grandi meriti la fanno anche i suoi parenti. Luigi il presidente è stato mio professore all'Università di Torino, ma come tale l'ho frequentato pochissimo, perché invece che a lezione andavo a sciare. Poi, durante la guerra in montagna, ho saputo che lui con il figlio Giulio si era messo in salvo andando in Svizzera guidato dal notabile valdostano Farinet, grande produttore di Fontina sull'Alpe di By, per la Fenêtre Durand per cui nei secoli sono passate le mucche rubate e i contrabbandieri. E in una grangia sotto la Fenêtre dove si erano fermati a riposare, il figlio Giulio, alla malgara che gli chiedeva se volesse qualcosa da bere, aveva risposto con lo snobbismo che lo ha accompagnato per tutta la vita: "Una tazza di tè, grazie". Ma sull'Alpe di By il tè non c'era, c'era solo il caffè d'orzo e di quello si era accontentato. Luigi Einaudi lo rividi appena eletto presidente al balcone del Quirinale, e come non innamorarsene; invece di sbracciarsi nei saluti, agitava un fazzoletto di lino bianco, figuratevi, un fazzoletto di lino nella città dei Cesari e dei fori imperiali. Quel giorno avevo scritto della sua vita e della sua nomina per la "Gazzetta del Popolo"; un tipografo disattento aveva composto alla linotype, a proposito del suo arrivo a Dogliani dalla Val Maira, "vi dodicegiunsenne" invece che "vi giunse dodicenne". Io gli scrissi per chieder scusa, ma non ce n'era bisogno perché Einaudi aveva frequentato tipografie e giornali per anni.

Era un piemontese legato alla terra che metteva tutti i suoi risparmi nella terra, attento al soldo come i veri piemontesi. Circolava nelle Langhe una storia che magari non sarà vera, ma che mi ha sempre fatto pensare che lo sia. Il presidente si è comprato una bella villa sulla collina di San Giacomo a Dogliani e quando è lì veste da signore di campagna, con abiti acquistati non si ricorda quando. Un giorno il mezzadro che ha confidenza con lui gli dice: "Ma lo sa professore che il suo cappello è bucato? Perché non lo vende?". In Langa non si regala niente. Il presidente ci pensa su e risponde: "Va bene, te lo vendo per cinque lire"; poi va a Roma a fare il presidente e intanto il mezzadro fa aggiustare i buchi del cappello. Arriva l'estate, anche i presidenti vanno in vacanza, e i due si rivedono. "Che bel cappello hai," dice Einaudi, "me lo vendi?" "Ma è quello che mi ha venduto lei," risponde il mezzadro. "Ma il mio aveva i buchi." "Li ho fatti aggiustare, ho speso due lire." "Allora facciamo così: tu mi rivendi il cappello, ti restituisco le cinque lire che mi hai dato, meno tre per l'uso, più due per l'aggiustatura dei buchi. Fanno quattro lire." Forse la storia è inventata per piacere ai piemontesi di Langa, ma è credibile perché Einaudi era fatto così, un padrone esigente ma esemplare, che ha conservato i libri dei conti in cui segnava tutto: quante piante erano state messe a produzione, quando era l'ora di ripiantare, quanto sarebbe costato e quanti uomini ci avrebbero lavorato per quante ore, tutto preciso scritto con la sua calligrafia minuta senza errori. Sono stato a San Giacomo, dove si era fatto uno studio perfetto che mi commosse. Ripartito in tante stanzette quante erano le finestre e in ciascuna c'erano un tavolino per scrivere e dei libri da consultare. Dicono che quando lavorava nello studio-biblioteca ogni tanto andasse alla finestra a sorvegliare con il binocolo i lavoranti e poi detraeva il salario di quelli che si erano sdraiati a dormire sotto un albero. Se è vero, nessuno se n'è scandalizzato in Langa, perché Einaudi ha sempre pagato e faticato di persona, lui e i suoi parenti. Bartolo Mascarello ha pubblicato prima di morire su un suo raffinato giornaletto una memoria di Roberto Einaudi, uno dei figli del presidente: "I nostri genitori mai salutavano e parlavano ai nonni se non con il lei che era un segno di rispetto e devozione. A tavola solo nostro padre e nostra madre stavano seduti perché i figli, finché non giunsero a essere giovani fatti, mangiavano prima e poi facevano corona ai genitori in piedi e in atteggiamenti composti". E Luigi il presidente così ricordava la mamma morta di spagnola: "Come abbia potuto, negli anni che rimase vedova, provvedere a educarci e a trasmetterci il piccolo peculio paterno è miracolo che può essere spiegato solo con la potestà che taluni hanno di sopprimere in sé ogni desiderio anche di cose necessarie, quando la voce del dovere li chiama a operare il bene altrui". La voce del dovere? Se c'è ancora non si manifesta più per la vergogna, o per il timore di non essere più capita. Nella laurea *ad honorem* concessa a Luigi Einaudi dall'Università di Oxford si legge: "Nunc ad villam vitesque suas recipiet his barolo, is smog the best and most celebrated of north Italian wine". Era un democratico raro in questo paese di "lei non sa chi sono io", scriveva: "Noi apparteniamo alla confraternita aristocratica dei cultori delle scienze economiche perché, e finché, sappiamo di non sapere; perché e finché teniamo gli occhi aperti intorno a noi per intuire, per apprendere qualche nuova verità o correggere ciò che avevamo avuto la presunzione di conoscere. Una certezza sola noi abbiamo; la certezza del nostro diritto di cacciare via il sapiente che afferma di sapere, di insegnare altrui la verità, da cacciare senza pietà".

Bartolo e le barriques

Sarà stato negli anni sessanta. Porto il mio amico Alfredo Todisco a conoscere le Langhe. Ci fermiamo ad Alba per pranzare al Savona e chiedo al vecchio Morra dove si trova del barolo buono. "Provate dai Mascarello," dice, "stanno nelle prime case, di fronte ai Pira, di fianco ai Rinaldi." Andiamo. Al bivio per La Morra voltiamo a sinistra, la strada asfaltata è in salita, ma fa delle curve così larghe e dolci per i vigneti dei Connubi che ti sembra di planare come quelle poiane che se le porta il vento caldo. L'etichetta sulla porta è in vermeil che qui chiamano *"l'or doublè garanti dal tulè"*, l'oro, per modo di dire, garantito dai lattonieri. Le tendine bianche sono abbassate, ma i Mascarello sanno che arrivano visite. Sono già lì alla porta, apre il padre che è stato sindaco, un socialista di quelli veri da barolo non da dolcetto come Nenni, che fa le vacanze a La Morra in casa di un Mascarello omonimo. Mi presento e presento Todisco. "Quello del 'Mondo'?" dice il Mascarello padre. Todisco non si è mai riavuto dallo stupore. Padre e figlio hanno il bunet in testa, il cappello a visiera dei langaroli, quello di Bartolo è grigio, ma quando va ai convegni del partito o ai premi letterari anche cremisi, vescovile. Bartolo ha un volto pallido, affilato, da romani della "repubblica virtuosa". "Tu non sei un celta," gli ho sempre detto, "tu hai una faccia latina." "Non so se sono latino," mi ha risposto, "ma sono uno dei cinque o sei che fanno ancora il vino senza le *barriques*, senza il legno." Chi lo fa con il legno, ieri con le botti francesi, oggi con i trucioli che ti evitano il cambio della botte, lo fa con un certo rimorso, con il rimpianto dell'ortodossia del vino fatto con le uve e basta, magari un po' di zucchero per alzare la gradazione. Il vecchio Mascarello se n'è andato da un pezzo, Bartolo l'anno scorso e noi che non potevamo pensare la Langa senza di lui stentiamo a crederlo. Da qualche anno non ce la faceva più a lavorare in vigna, passava la giornata alla sua scrivania su cui erano sparse le etichette speciali che disegnava e dipingeva, a colori vivaci, stilizzate secondo geometrie immutabili, triangoli, quadrati e figure umane dentro la dolce curva delle colline, la geometria degli uomini che faticano sotto il cielo azzurrino a cui alzano, come tutti, ogni tanto la paura del nulla.

Anche per i contadini di Langa il mondo è cambiato negli ultimi cinquant'anni più che nei millenni precedenti, quando si conservava tutto: il vestito da sposa, la culla, il tavolo di noce della cucina, i ritratti dei nonni, le medaglie al valor militare e anche i compagni di lavoro per una vita, gli arrotini, i carrettieri, i fabbri e i solai, le cantine, i bozzoli da seta, le caldarroste, il bollettino di Chiaravalle, le fotografie dei Savoia, *les neiges d'antan* e, da queste parti, i peschi selvatici che crescevano alle capezzagne dei filari, con frutti piccoli ma dolcissimi. Bartolo con le sue trentamila bottiglie tutte prenotate di barolo di Connubi non aveva preoccupazioni di bottega, ma era il più ortodosso degli ortodossi; teneva su una mensola alle sue spalle le scomuniche e i rimproveri scritti ai nuovi produttori della zona anche famosi, come i Gancia: "Caro presidente, lei mi consentirà qualche modesta osservazione sul modo di coltivare questa terra, a questa latitudine, in questo clima. Da mio padre e da mio nonno ho appreso che il terreno di una nuova vigna va zappato e rivoltato per la profondità di un metro e tenuto mondo da ogni infestazione di erbe. Le barbatelle vanno poi seguite per tre anni, su terrazzi sorretti da muri a secco. Vedo invece che lei e il suo vicino conferente Chiarlo, seguendo i consigli di un professore che io caccerei con forche e forconi, avete fatto un piccolo scasso, non vi curate delle erbe infestanti e invece di costruire i muretti rimboccate il terreno e sperate che l'erba lo tenga assieme". "Il presidente della Gancia," mi disse Bartolo, "è venuto a trovarmi, ha bevuto un bicchiere del mio barolo, mi ha fatto i complimenti e poi mi ha detto: 'Vede Mascarello, lei ha ragione, ma io il mio barolo lo farò lo stesso con i miei enologi e le mie *barriques*, avrò un grande ritorno d'immagine e grazie alla mia rete commerciale che arriva in tutto il mondo lo farò pagare il doppio del suo'. Ha fatto esattamente così, lui e i suoi figli hanno una grande barca e passano le vacanze alle Maldive, e siccome i suoi clienti non sanno nulla di barolo lo hanno molto apprezzato e ringraziato per averglielo fatto pagare il doppio del mio."

Bartolo è stato denunciato dai carabinieri per offesa al capo del governo. In una delle etichette che disegna a mano ha scritto: "No *barriques*, no Berlusconi". La denuncia non ha avuto seguito: anche Berlusconi beve il barolo di Mascarello.

Gobetti l'asceta

Piero Gobetti è stato nel nostro approdo all'antifascismo, alla Resistenza, all'incontro fra Giustizia e libertà e i comunisti, il primo della classe, l'esempio di una superiorità intellettuale e democratica, il nostro campione di tutte le arcane virtù della cultura e dell'intelligenza. E anche un motivo di autentico stupore per la sua castità, virtù sconosciuta a noi che arriviamo dal maschilismo fascista, dal "donne e motori" di Italo Balbo, dal grande seduttore D'Annunzio e dalle irresistibili conquiste del Duce, nel vano di una finestra a Palazzo Venezia. Noi arrivavamo da un mondo popolato di prosperose massaie rurali, di giovani italiane cresciute nei saggi ginnici, di crocerossine di guerra, di staffette partigiane, e ci trovammo in un gruppo di intellettuali laici ma cresciuti nelle minoranze protestanti piemontesi, valdesi, ebraiche o gianseniste, in personaggi casti come Bobbio e Gobetti: "C'è anche altro nel nostro modo di essere, c'è che volenti o nolenti dobbiamo costruirci una famiglia. Ora la moralità della famiglia e dell'amore, la conformazione e concreazione di due spiriti hanno come condizione, per me assoluta, la verginità spirituale e fisica degli individui e naturalmente senza l'oscena condivisione di molti, di quasi tutti, fra la verginità femminile, voluta assolutamente, e quella dell'uomo che sarebbe invece ingenuo conservare rinunciando agli ambiti piaceri. Tutto questo viene a concludere che per la nostra verginità spirituale bisogna amare una volta sola e fare eterno il primo amore sicché le nozze siano davvero celebrazione, creazione entusiastica e fatta pura".

Erano casti anche i fondatori del comunismo, i compagni torinesi che denunciavano al partito Longo e La Noce sorpresi a baciarsi nel giardino della Cittadella.

Una vena di castità e d'impegno religioso che si trovava nei dirigenti del Partito d'azione che circondavano e veneravano Ferruccio Parri non solo come loro capo militare ma anche come maestro di vita. Noi giovani peccatori e maschilisti, noi fatti per la guerra e per le sue volgarità, ci fermavamo ammirati e stupiti di fronte a questi maestri così diversi da noi, non capivamo bene se la loro castità fosse religiosa o semplicemente rifiuto della volgarità e dei compromessi, o ricerca dell'assoluto. Di fatto la presenza della morte nei mesi della lotta armata di Giustizia e libertà non si è tradotta mai nel postribolo squadrista, ma in una ricerca d'integrità assoluta. Per questo probabilmente il Partito d'azione era un po' fuori dal mondo. Comunque quella castità o mancanza di volgarità nelle formazioni di Giustizia e libertà c'erano, le relazioni amorose mai ostentate, i capi chiamati all'esempio, l'onestà indiscutibile.

Il secondo modo di pensare a Gobetti di noi arrivati alla democrazia con il lungo viaggio dentro il fascismo, era di stupore e ammirazione per quel nostro primo della classe. Uno che ricordava di sé nel 1920: "Interruppi a diciassette anni la pubblicazione di 'Energie Nove' perché sentivo bisogno di maggior raccoglimento e pensavo a un'elaborazione politica assolutamente nuova le cui linee mi apparvero di fatto al tempo dell'occupazione delle fabbriche. Devo da un lato la mia rinnovazione all'esperienza salveminiana al movimento dei comunisti torinesi (vivi di un concreto spirito marxista) e dall'altro agli studi sul Risorgimento e sulla Rivoluzione russa che ero venuto compiendo in quel tempo".

Alle prime letture di Gobetti durante la guerra partigiana ci stupiva ed esaltava la tumultuosa ricchezza d'interessi di un giovane che identificava la sua giovinezza con la cultura storica e politica: "Ho peccato di amore quasi infantile per la cultura, per la filosofia, bisognava bene che amassi qualcosa con tutta l'oscura violenza nascosta nella mia originaria volontà di vivere", scrive in un diario del 1919. E così descrive la sua giornata: "Che cosa ho fatto questa mattina? Non ho perso tempo ma, ahimè, che disordine! Ho letto *Paradossi educativi* di Prezzolini, ho tradotto una pagina di russo, ho letto un altro capitolo di Gentile, *La filosofia di Marx*, poi ho dovuto scrivere a editori e amici. Mio Dio! Non riesco a studiare sempre lo stesso argomento. Ho bisogno di riposarmi mutando". Un'intelligenza eclettica, una passione intellettuale bruciante, c'è davvero da chiedersi che cosa avrebbe fatto come editore europeo se non fosse morto a venticinque anni.

Ammirati con stupore per la sua rapida ardente vita, alla sua età conoscevamo la dura esperienza della lotta armata che ci aveva fatto interrompere ogni studio. Eravamo passati dai diciotto di guerra, regalateci dal fascismo morente, a quelli della nuova repubblica e per noi la sua travolgente attività letteraria, la sua onnivora cultura non erano un esempio impossibile, inimitabile, ma un mito di cui eravamo orgogliosi: anche nella nostra famiglia politica e combattente c'era stato un uomo eccezionale che aveva scritto *Risorgimento senza eroi*, *Scritti sulla letteratura russa*, sul Risorgimento, saggi di critica letteraria, di critica d'arte, di critica filosofica e centinaia di lettere di polemiche, di commenti su tutto: letteratura giapponese, Futurismo, letteratura straniera, Illuminismo, rivoluzioni in Venezuela, la pittura di Castrati, la pittura veneta del Quattrocento, i pittori inglesi Hogarth, Blake, Reynolds, Romney e poi Tintoretto, Mantegna, Bellini, Carpaccio.

"Prima di dicembre," scrive sul suo diario nel 1919, "leggerò Treitschke, Aristotele, Machiavelli, Pareto, avvierò lo studio sul marxismo, sul bolscevismo minutamente e Sorel, Labriola, Gentile, Croce. Poi prenderò gli economisti liberali e nel frattempo continuerò i socialisti."

Paolo Spriano ha difeso Gobetti dall'accusa di giornalismo ingordo: "La robustezza d'impianto della sua opera si è confermata alla prova del tempo. Il che non significa che Gobetti non fosse anche uno straordinario giornalista. In molte delle cronache gobettiane si specchia la vivacità della stagione migliore della cultura torinese. Gobetti era il rappresentante di una provincia che sa superare i limiti provinciali, carica di utopia e di severità. Affacciata senza impacci a una problematica europea". Chi ha fatto parte di quella esperienza e di quel gruppo ne è, credo, giustamente orgoglioso.

Metano e pasticcini

Perché gli anni di Mattei furono i più intensi della nostra vita? Perché con lui continuava l'Italia partigiana, l'Italia della Costituzione, l'Italia di quelli che avevano sotterrato il fascismo crepuscolare di Salò, che avevano fondato l'alleanza antifascista, l'Italia che si era schierata dalla parte giusta, dalla parte dei sindacati operai, della repubblica. Per noi Enrico Mattei era poi l'Italia del "Giorno", il quotidiano che aveva rotto il monopolio plumbeo dei grandi fogli della Confindustria, il giornale che raccontava l'Italia com'era, anche delle masse popolari e delle fabbriche e non solo quella delle inaugurazioni con il taglio del nastro tricolore da parte del ministro o del vescovo. Non l'Italia di Stalin e del comunismo, come dicevano i reazionari, ma degli italiani di tutte le classi. La presenza di tipi come Mattei spiegava anche a noi partigiani che la guerra di liberazione era stata anche una rivoluzione della società italiana, con il ritorno della democrazia intesa come partecipazione di tutti, anche degli operai e dei contadini. Non più l'Italia sotto tutela dei ricchi e dei potenti, ma un'Italia in movimento, magari caotica, ma irresistibile. Enrico Mattei era un uomo secco e virile, nazionalista e populista, onesto e corruttore, uno che usava la politica per farsi largo, ma anche per fare, e fare bene, nella vita pubblica. Tipi così ne avevamo conosciuti anche nel regime mussoliniano, tipi che ci sono sempre stati nel nostro paese, della specie di condottieri, odiati e amati, profondamente italiani e profondamente antitaliani, per dire fuori dagli egoismi personali o di classe, fuori dagli opportunismi, dalle viltà. Nel 1945 Mattei aveva salvato dalla liquidazione l'industria petrolifera di stato che le grandi compagnie americane volevano ingoiarsi, aiutato da uomini simili a lui, profondamente italiani e profondamente antitaliani, come Vanoni, De Gasperi e Parri. E nel 1959 aveva comprato "Il Giorno" senza sapere bene quale giornale avrebbe fatto, ma antifascista certamente, di centrosinistra certamente. La posta in gioco nella lotta a cui anche "Il Giorno" partecipava in prima fila non era tanto le ricerche petrolifere nella Valle Padana cui nessuno credeva veramente, nonostante il "cane a sei zampe" e il finto giacimento di Cortemaggiore, ma la fine del monopolio conservatore, l'inizio di un vero riformismo. E il provinciale che sono ci ricadde, per la seconda volta tornò a sperare come nella guerra partigiana in un paese laico, moderno, in cui anche con il nostro giornale si sarebbe dato vita a una nuova cultura moderna, industriale. La cosa riuscì a metà, ma per noi quella metà volle dire la salvezza da un nuovo regime dell'obbedienza e del silenzio. Al "Giorno" si poteva anche essere coraggiosi nei riguardi del vecchio establishment, era una breccia apertasi di colpo nel muro compatto del giornalismo "d'informazione", cioè alto borghese, ricompattatosi subito dopo la Liberazione. E se a Mattei "Il Giorno" serviva per fare una buona politica, ai giornalisti serviva per fare del buon giornalismo.

Mattei era stato un grande capo partigiano e lo restava anche se era un uomo di governo della Democrazia cristiana. Si era servito degli ex partigiani per stendere durante la notte i metanodotti fra Piacenza e Milano, e a noi quel colpo di mano era piaciuto molto, rientrava nell'idea partigiana che il progresso va aiutato anche con i colpi di mano. E furono tipicamente partigiani i miei rapporti con lui.

Un giorno esco dal giornale con il direttore Pietra e lui mi fa: "Vuoi venire con me a Vienna? Ti faccio conoscere una persona interessante". Un'ora dopo siamo su un aereo diretti a Vienna, e Pietra, che è anche un po' uomo di trame segrete, non mi dice chi è la persona interessante. Andiamo verso sera all'appuntamento con la persona interessante che ci aspetta in una saletta del Grand Hotel. È Mattei. Vuole sapere in che formazione ero, se ero a Milano il 25 aprile. Poi guarda l'orologio, si alza e se ne va con Pietra, da chi non lo chiedo. Rivedo Pietra l'indomani e gli domando: "Scusa, ma perché ha voluto incontrarmi?". "Perché," dice lui, "a te non piace incontrare uno che c'era in montagna?"

Semplicemente Mattei di quelli che c'erano in montagna si fidava, gli piaceva riaverli attorno. Fu così anche a Gioia Tauro a una manifestazione socialista con Giacomo Mancini per la costruzione del porto. Venne al tavolo di noi giornalisti e mi presentò Mancini che del resto conoscevo. "Questo è uno che spara anche sui giornali." Uno di quelli che non hanno mai creduto a una sua morte accidentale, come non ci ha mai creduto Pietra. Leggo in un suo libro di memorie: "Nella primavera del 1963 fui ricevuto da Kruscev al Cremlino per un'intervista. Le sue prime parole furono: 'Mi dica subito qualcosa dell'assassinio del suo amico Mattei'.". Quel qualcosa lo avevamo previsto da tempo da quando la lotta per il potere era arrivata anche nel giornale, da quando dovemmo lavorare nel giornale dei due direttori e dei due padroni. Misteriosa faccenda che allora non potevamo capire e che poi nessuno ci ha spiegato: che "Il Giorno" dovesse avere due direttori lo apprendemmo da un breve comunicato dove improvvisamente apparve come condirettore il nome di Ettore Della Giovanna, un collega veneto moderato vicino a Moro, e non ci fu verso di sapere da Pietra che cosa significasse quella direzione consolare, come non si riuscì a sapere che ruolo preciso avesse nell'Eni e nel giornale Eugenio Cefis. Si sapeva solo che a volte, la domenica mattina, quando le redazioni erano deserte, Cefis arrivava al giornale, saliva al piano più alto nel laboratorio fotografico dove sviluppava da sé le sue fotografie ché doveva restare nel segreto che aveva appreso assieme a Pietra nel Sim, il servizio d'informazioni dell'esercito, pare l'unico servizio funzionante in quello scassatissimo regio esercito. Erano segretissimi anche i suoi incontri che avvenivano quasi sempre vicino a San Donato in aperta campagna nella Citroën Déesse personale del numero due dell'Eni, di cui si diceva che fosse destinato da Moro e da Fanfani a riannodare le trattative con le "sette sorelle". E fu sotto il segno di questi misteri e di questa impenetrabile ambiguità che si svolsero i funerali di Mattei, prima con la ricognizione a Bascapè nella campagna in cui il suo aereo era misteriosamente caduto, e poi nella direzione dell'Eni tra una folla di ministri, generali, grandi manager fra cui si riconoscevano facilmente quelli che erano felici di essersi tolto una buona volta dai piedi e quelli che lo piangevano non solo con dolore, ma con il triste presagio che la vecchia Italia riprendeva in mano le fila del potere.

Storie partigiane

Il tesoro della IV armata

La partita politica decisiva della guerra partigiana non fu tra noi e i tedeschi, partita già risolta a nostro favore, era solo questione di resistere fino al crollo certo del Terzo Reich. La partita decisiva per quella guerra civile che in parte era la Resistenza era fra noi, gli interventisti, gli azionisti, e loro, gli attesisti che volevano rimettere in piedi lo stato borghese di sempre, fra noi che volevamo conquistarci la libertà e la democrazia combattendo e loro che volevano, come il *maquis* francese, attendere il crollo dei tedeschi per inscenare un'insurrezione opportunistica. Diciamo fra quelli che volevano pagare il riscatto dal fascismo e quelli che lo volevano come un regalo della storia. Avevamo ragione noi, gli interventisti, gli azionisti, non solo per una questione morale e politica, perché una democrazia regalata dagli alleati angloamericani, avallata dalla monarchia e dai conservatori sarebbe stata una mediocre riedizione di quella liberale arrivata al fascismo, ma perché s'imponeva un cambiamento decisivo, un nuovo rapporto fra le classi sociali. C'era poi un dato di fatto schiettamente militare: l'esercito di carriera aveva perso la guerra ancor prima di combatterla, l'esercito che si diceva regolare si era dissanguato nella Prima guerra mondiale, una resistenza armata poteva essere sostenuta solo da un esercito di volontari, un esercito politico. Ecco la ragione per cui in questi ricordi legati alle montagne e alla guerra partigiana non può mancare quello del tesoro della IV armata, cioè del nostro decisivo confronto con l'attesismo.

Già a fine settembre del 1943 nelle bande di Giustizia e libertà appena formate nelle valli Stura e Grana s'incominciò a parlare del tesoro della IV armata, l'armata che aveva occupato la Francia del Sud ed era rientrata in Italia nei giorni dell'armistizio. Dov'è questo tesoro che può risolvere i nostri problemi di sopravvivenza? Deve essere da qualche parte fra Alba e Savigliano. Perché? Ma perché è lì che circolano i franchi francesi e si commerciano delle monete d'oro, è lì che abbiamo fermato un ufficiale della IV armata con dieci milioni di franchi. Ai primi di novembre, la notizia è certa, le formazioni di partigiani di Cuneo sud mandano una relazione al Comitato di liberazione nazionale piemontese a Torino: il tesoro c'è, lo ha nascosto il generale Operti, intendente dell'armata. "Se noi andiamo a parlargli," dice il comunista Negarville, "quello si spaventa. Andate avanti voi di Giustizia e libertà." Partono per Bene Vagienna, dove il generale ha una villa: un magistrato, Giorgio Agosti, un medico, Fausto Penati e il professore Mario Rollier. A Bene Vagienna il generale non c'è, non è neppure a Bra, da Alli due buoi rossi dove si era sistemato il comando durante la guerra con la Francia. Finalmente arriva la soffiata giusta: Operti è a Cherasco. Ha scelto bene Operti, Cherasco è la sua città: sabauda, nobiliare, morta. Agli ingressi degli archi sabaudi, dentro palazzi nobiliari vuoti, freddi, abitati da famiglie aristocratiche impoverite, la Stura e il Tanaro che confluiscono sotto le ripe. Operti studia gli inviati del Cln, il Comitato di liberazione nazionale. "Che assurdità!" pensa Operti. "Che senso ha chiamare comitato un comando militare?" Il confronto è generico, allusivo. Operti non fa delle richieste precise, ma si capisce che non gli dispiacerebbe essere nominato comandante dell'esercito partigiano. Tornati a Torino per discutere la cosa, i comunisti s'infuriano, protestano, ma Giorgio Agosti che nel comitato chiamano "il piccolo padre", abile onnipresente, taglia corto: "Insomma li volete o non li volete questi milioni?". Li vogliono anche i comunisti. Parte una nuova delegazione che invita ufficialmente Operti a Torino. L'affare è fatto: il generale ha il suo titolo di comandante militare piemontese, in cambio consegna centocinquanta dei quattrocento milioni che tiene nascosti in una sua cascina. La prima cosa che fa il generale è di arruolare, con regolare stipendio, una ventina di ufficiali effettivi, poi divide il Piemonte in nove centri, ognuno dei quali dovrebbe dotarsi dei seguenti servizi: informazioni, vettovagliamenti, operazioni. Il Cln lo invita a restare a Torino, ma non può, dice che lui non è uno sconosciuto come i Galimberti, i Giambone, i Braccini. È un generale famoso, deve nascondersi da amici fidati nei piccoli centri di provincia: Casalgrasso, Carmagnola, Levaldigi. Non lo trovano i tedeschi, ma non lo trovano neanche i partigiani quando hanno bisogno di lui, e i suoi aiutanti sono cosa da ridere. Viene a trovarci a Valgrana Duccio Galimberti e racconta: "Ho incontrato ieri il colonnello Landi, l'aiutante di Operti che comanda il centro di Cuneo. 'Colonnello,' gli dico, 'hanno arrestato sei dei nostri, li tengono nella caserma della milizia, bisogna fare qualcosa o ce li fucilano.' 'Ma è semplice,' dice lui, 'arrivate di notte con una cinquantina di uomini, non di più, all'alba quando cambiano la sentinella fate irruzione.' 'Ma lo sa colonnello che c'è una mitragliatrice davanti a ogni porta?' Lui non lo sa ma fa finta di saperlo. 'Sicuro che lo so,' dice. 'Bene,' gli dico io, 'lei è pronto a guidarci?' Fa un sorriso di superiorità: 'Avvocato,' dice, 'ma dove la mette la clandestinità. Se vengo con voi mi scopro'.". Noi dicevamo a Duccio: "Che cosa aspettate a toglierveli dai piedi?". "Fate come se non ci fossero," diceva lui. Ma c'erano, ci mandavano le loro circolari che leggevamo la sera attorno al fuoco. "Sentite questa: 'Si raccomanda di ricercare, censire, occultare i materiali militari dell'esercito e di interrare i fusti di carburante'. Ma da dove piove questo Operti? Senti quest'altra: 'Riunire i mezzi di collegamento, cordoncino telefonico, apparecchi radio, apparecchi ottici eccetera'." "Già," diceva Detto, "questo Operti è un vero drago, ci consiglia anche di 'mandare persone esperte della lingua tedesca a frequentare il nemico e a riferire'."

Ma il generale non è soltanto un buono a nulla, è anche uno che vorrebbe una tregua "con i fascisti onesti", con i patrioti di Nuovo risorgimento, un gruppo di ufficiali dell'esercito che ha aderito alla repubblica di Salò per avere degli stipendi, ma che si prepara all'insurrezione. L'esperimento Operti è finito. Il Cln lo caccia rinunciando ad altri milioni. Su "Il Garibaldino piemontese" è apparsa una poesiola: "Non fa nulla/ quando è l'ora della marcia trionfale/ lo dirà il generale/ ma di tali generali/ ne abbiam pieni gli stivali". Ritornato a Cherasco, Operti si consola criticando la Resistenza: "Il rastrellamento tedesco in Valle Stura e la facilità con cui il nemico ha risalito la valle dimostrano l'incompetenza del bollettino militare dei partigiani". Non si è accorto che il bollettino di guerra della Wehrmacht ha parlato di "duri accaniti combattimenti".

Del tesoro si continua a parlare per mesi. Ogni tanto da una delle bande di pianura ci arriva un sacchetto pesante da inoltrare al Cln di Torino. Inoltriamo ma diamo un'occhiata al contenuto: sono marenghi e sterline d'oro trovati in casa di un ufficiale della IV armata. È con i marenghi, con le sterline che si liberano i compagni e si ottengono le informazioni, le persone "che conoscono la lingua tedesca" non bastano. Ci siamo sempre chiesti alla fine della guerra a chi sia toccato ciò che restava del tesoro.

L'imboscata

Il vero e unico modo di combattere una guerra partigiana è l'imboscata, l'attacco a sorpresa. Ma non sempre la sorpresa riesce. E allora bisogna avere il coraggio, la follia di ripeterla per dimostrare a te stesso e ai tuoi uomini che era giusta, che sei tu che hai commesso un errore. Nel febbraio del 1944 siamo in Val Maira e gli informatori arrivano alla Margherita per dirci: "Attaccano domani mattina. Due battaglioni di *Alpen-Jäger* sono già a Dronero, uno è arrivato a Caraglio". "Dite domani mattina?" "Sì. Hanno avvisato le corriere di sospendere il servizio. Hanno occupato una corsia dell'ospedale di Saluzzo e detto ai medici di tenersi liberi. Quelli che sono ancora addestrati a combattere sgombrano, partono al crepuscolo diretti a Valgrana." Detto chiama i capibanda e indica i posti delle imboscate. A me tocca il vallone di Combamala sopra San Damiano. Partiamo alle cinque, la neve cessa all'altezza del lago della centrale, troviamo la mulattiera e la scendiamo fino dove il vallone si rinserra in una gola profonda una ventina di metri, fra rocce, felci, noccioli. La gola sbocca su un dosso già illuminato dal sole, ed ecco alzarsi un ronzio diffuso: hanno messo in moto le turbine di San Damiano che mandano elettricità alle fabbriche di Genova. Sono le sei e mezza, abbiamo ancora tempo per pulire le armi e per alzare un riparo di pietre alla postazione da cui si vede la strada di fondovalle, a trecento metri. Con me ci sono Libero, il figlio del meccanico di Cuneo, Luigi e Mario gli studenti, Giacu il contadino. Libero è il primo a vedere la colonna tedesca. In testa un autoblindo, poi camion grigi con i soldati in piedi nei cassoni. Aspettiamo che la colonna riappaia da dietro il promontorio che nasconde il fiume Maira dove c'è il ponte per passarlo. "Ma che fanno? La colonna deve essersi fermata." "Avranno avuto un guasto," dice Libero. Ma quale guasto? È il sole a salvarci; brilla sugli elmetti degli *Alpen-Jäger* che salgono a ventaglio cento metri sotto di noi. Sparare non serve, sono troppo vicini. "Buttiamoci giù," dico. Afferro il fucile mitragliatore e di spalle mi lascio scivolare nella gola frenato dal sottobosco. Gli altri quattro mi rotolano dietro. Uno mi arriva con uno scarpone su una mano, che sanguina. In fondo alla gola fra le felci c'è un pietrone che fa da riparo. Steso sotto le felci, scostandole posso vedere qualche metro del sentiero sopra di noi. Stanno passando in fila indiana, salgono per prendere la Margherita alle spalle, che fessi a non averci pensato. Noi pensiamo sempre che loro non conoscano i posti, ma loro le carte topografiche le sanno leggere.

Loro passano in fila indiana, con mitraglie e mortai non finiscono mai, silenziosi, rapidi. Un ordine gridato sopra le nostre teste. La retroguardia si ferma qui. Gli abbiamo preparato la piazzola per le armi, stanno mettendo un posto di blocco fisso. Lassù vedo l'ufficiale nazista che comanda la retroguardia. Sta guardando il Monte Cauri con un binocolo, se gli sparassi ci arriverebbe addosso come un fagiano. Faccio segno ai miei di non muoversi, di aspettarmi, striscio di schiena sotto le felci, riesco a vedere sotto di noi. Niente da fare: sotto, la gola si allarga, diventa prato, sotto tiro. Dall'alto sparano una raffica, vedo come zampillare il tronco di un faggio: devono aver sentito dei rumori. L'ufficiale manda un soldato a vedere, deve essere quindici passi sopra di noi, si sente il rumore dei rami spezzati. Ora che fa? Si è messo a buttare dei pietroni nella gola; uno con un tonfo si pianta ai piedi di Luigi, un altro colpisce di rimbalzo Libero. Lui fa appena un cenno di diniego, non è niente. I pietroni si allontanano. Qualcuno chiama per nome il soldato. "Osvald!" E Osvald finalmente risponde: "Niemand".

Nessuno, Osvald riesco a vederlo quando riappare sul sentiero. È anziano, porta gli occhiali. Si toglie l'elmetto per asciugare il sudore. Ha i capelli rossicci. Ora il sole batte anche nella gola e si sente un odore di terra e di merda. Capisco che è Giacu, lo guardo e lui chiude gli occhi; se l'è fatta nei pantaloni dalla paura ma sta zitto. Dobbiamo passare così chissà quante ore. A volte si sprofonda nel torpore, come se la paura e l'ansia si sciogliessero in una cosa fangosa e nebbiosa. In un dormiveglia in cui arrivano angosce fulminee con cuore impazzito e sudori freddi. Si è levato un po' di vento, le foglie dei faggi mandano un fruscio leggero, ma è proprio vero che la terra è rotonda, pian piano la luce del sole si piega nella gola e si allargano le zone d'ombra. Arriva come un'eco di temporale, una serie di tonfi, devono aver fatto saltare le nostre baite alla Margherita. Verso sera un silenzio assoluto scende sul vallone. La strada sembra vuota. Sì, se ne sono andati. Salgono anche gli altri in silenzio, solo Giacu si fa attendere e so il perché. "Cosa facciamo?" chiede Libero. "Io andrei a Tetti Vella, dalla Maria." La Maria del vallone non c'è. È andata a Torino a trovare una zia ammalata. Ma c'è suo padre, ci dà da mangiare castagne bollite e una minestra di latte. La stalla è calda, le mucche ti lasciano cadere le loro cacche fumanti vicino agli scarponi. Il padre della Maria ci sveglia alle cinque. "Torniamo là?" chiede Libero. "Stesso posto," dico, "ma stavolta spariamo per primi, non aspettiamo che la colonna riappaia da dietro il promontorio." Quando i primi cinque camion sono a tiro apriamo il fuoco. Come schizzano giù dai camion per riparasi dietro il parapetto della strada. Poi via di corsa, hanno già piazzato i mortai, arrivano le prime sberle. Tocca a loro oggi venire su tatticando, a balzi, inzuppati di pioggia. E quando sono vicini, un paio di raffiche per farli rimanere impantanati per qualche minuto. Quando ritentano ce ne andiamo al Bialot dove Detto ci ha dato appuntamento. "Tutto a posto?" chiede. Guardo Giacu e so cosa vuol dirmi: "Se ti te parles mi te masi".

67

A lume di candela

L'aiuto dato dagli alleati alle formazioni partigiane fu insignificante finché se ne occuparono gli inglesi della VIII armata. Churchill aveva scarsa simpatia per noi e puntava sulla carta monarchica. I lanci fatti dagli inglesi erano rari e di materiali scadenti. Quasi una provocazione! Ci buttavano i fuciloni adoperati ad Adua e nelle guerre coloniali. La grande svolta avviene quando cominciano a occuparsene gli americani e il loro servizio Oss nei primi mesi del 1945, quando cioè si pensa che i partigiani potranno partecipare all'offensiva finale di primavera. Ricordo che eravamo a Monforte da Felicin quando arrivò Paolo con gli occhi fuori dalla testa: "Hanno trasmesso il messaggio", gridava, "lo ha sentito Nino, giura che lo ha sentito". Gli chiedo: "Quand'è la prossima trasmissione di Radio Londra?". "Stasera alle sei." "Va bene, ma prepariamo tutto: le fascine, la lampada per le segnalazioni. Molte fascine disposte come una elle, cinquanta metri sul lato lungo, dieci su quello corto. La lampada per le segnalazioni ce l'ha Lorenzino. Avvisatelo. Ordine ai comandanti di banda di venire subito al campo di lancio." Abbiamo scelto una conca a tre chilometri da Monforte, dove una vigna è stata spiantata e si può manovrare con i buoi della cascina vicina. I comandanti di banda arrivano. "Tu Andrea," dico, "piazza qui tre mitragliatrici. Chiunque si faccia avanti sparagli." "Anche ai garibaldini?" "Beh, qualche raffica in alto per spaventarli." Arriva Lorenzino, il contadino della cascina vicina: "Basteranno i tuoi quattro buoi?", gli chiedo. "Ma sì," dice lui, "al massimo butteranno una decina di bidoni." Torniamo a Monforte da Felicin per sentire la radio. Le notizie sulla guerra non finiscono più e finalmente i messaggi speciali: "Il sole sorge ancora", "Luigi va in campagna", "L'albero è fiorito". Cacciamo un urlo tutti assieme: "L'albero è fiorito", il nostro. Era l'ora. È da un mese che la Franchi ha trasmesso agli alleati le nostre coordinate. Ultime disposizioni: "Nessuno si muova prima di notte. Se i garibaldini ci vedono nella conca capiscono e si fanno sotto". "Ma le fascine e la lampada quando le portiamo?" "Tenetele pronte sotto il portico di Lorenzino." Andai come al solito al caffè Commercio di Monchiero dove c'era il comando garibaldino. Sì, era meglio andarci, non dovevano insospettirsi. Non hanno mica torto i garibaldini, poveri cristi, a loro di lanci ne fanno pochissimi. Stavolta qualche arma gliela passiamo, ma deve essere nostra la prima scelta. Parliamo come al solito del petrolio agricolo e di come raffinarlo per poterlo usare nelle auto e nelle moto. Studiavamo i filtri per togliere l'unto della nafta. Nanni si era fissato sull'acetone: "Voglio provare l'acetone", ripeteva. "Alla Ferrania ne troviamo quanto ne vogliamo." Lo salutai che annotava. Mi ero portato da Lorenzino la squadra comando; uomini fidati per il recupero del bidone con la striscia rossa, il famoso bidone dei lanci con le sigarette e i soldi. Forse la voce era arrivata anche ai contadini. Venne la mezzanotte ed era di gelo e di stelle. "Non arrivano più", dicevo io e Lorenzino si arrabbiava: "Vengono, devono venire", diceva e mi passava la bottiglia, "bevine un po' che ti calma". Così si fecero le due, ed eravamo un po' più di là che di qua a forza di calmarci con il vino quando si udì un ronzio lontano, guai a farcelo scappare e io scattai fuori urlando, il fuoco, il fuoco alle fascine, e nel buio si vedevano passare correndo per il prato coperto da una crosta di neve ghiacciata i nostri partigiani mentre Lorenzino gridava: "Il petrolio, spargete il petrolio". Le fiamme si alzavano a elle mentre il ronzio diventava sempre più forte, sempre più vicino e finalmente si videro nel cielo sopra le loro lampade palpitanti i grandi aerei bassissimi. Erano otto, otto Liberator e quando si misero a girare sopra il nostro segnale li vedevamo a occhio nudo nella luce della luna; otto grandi bestioni d'argento uno così basso che portò via con il carrello la croce del santuario sopra Monchiero. E già nel cielo si vedevano ondeggiare otto, dieci paracadute con i sigari dei bidoni sotto di loro. I buoi di Lorenzino non bastavano, si fecero arrivare i buoi di altre cascine, quando finirono anche le fascine e Lorenzino me lo disse gli urlai come un invasato: "Le candele. Fate il segnale con le candele, una linea e tre punti". E funzionavano anche le candele, i fiori bianchi, gialli, azzurri dei paracadute continuavano a scendere. "Siamo già a settanta," diceva Lorenzino. Alle tre passate, le mitragliatrici di Andrea attorno alla conca avvisarono che i garibaldini erano arrivati ma non c'erano solo loro: c'erano anche i langaroli, o langhetti, delle cascine circostanti, anche loro a rischiare la pelle per il bidone con la striscia rossa dei soldi e delle Lucky Strike. E continuavano a lanciare, eravamo già sopra i cento bidoni. Arrivò Mario della squadra comando. "Lo abbiamo trovato," disse a proposito del bidone con il cerchio rosso, "i soldi ci sono ma le sigarette no." "Fa niente," dicevo, "le troveremo, cercheranno di venderle." I bestioni del cielo se ne andarono a lavoro finito. I bidoni erano centottanta e non si poteva certo nasconderli. Lavorammo fino al mattino per aprirli e per distribuire subito le armi alle bande, un centinaio di Sten, venti mitragliatori leggeri, un cannoncino anticarro subito montato nell'aia, trenta mitragliatrici americane e dodici Bren inglesi. Arrivò Piero gridando che c'era anche la benzina. Erano quattro colli di una materia trasparente, la plastica che allora in Italia non c'era. A Nanni dissi che avevano lanciato una montagna di esplosivo ma poche armi. Fece finta di crederci e ringraziò quando gli regalai una delle sacche di plastica. Solo esplosivo in centottanta bidoni? Delle armi che ci avevano lanciato volli tenere di riserva i dodici Bren. Li feci nascondere nella cappella del Belvedere dove c'era un soppalco proprio dietro l'altare. Non so come Nanni lo abbia saputo, ma cinque giorni dopo il soppalco era vuoto.

I cannoni della Littorio

La gioventù! Se tiro fuori le memorie di quei mesi partigiani, "quella lunga splendida vacanza" come la chiamava Livio Bianco, non mi capacito di essere stato così giovane e forte e pazzo. Come la volta che scendemmo a Busca per dare l'assalto alla compagnia controcarro della Littorio e ai suoi cannoni da 88.

Camminiamo nella sera azzurra e luminosa, attraversiamo il fiume Varaita alla fornace di Piasco, poi saliamo all'eremo di Busca su per le macchie di noccioli mentre il cielo si colora d'oro e di viola. All'eremo aspettiamo che faccia notte, alle undici scendiamo su Busca e ci fermiamo in un campo di granoturco vicino alle prime case. Il cielo è stellato, i cani si chiamano da cascina a cascina poi, se Dio vuole, smettono. "Sicuro che è per stanotte?" Amilcare, che è sceso con i suoi dalla Val Bronda, dice solo: "Chiamiamo i capisquadra". Arrivano in silenzio, li riconosco dalle ombre, quella grande è di Mario Ciuiu, quel naso a becco non può che essere di Alberto, un cappello così lo porta solo Franco.

Ma adesso che cosa gli dico? Che bisogna andare all'attacco di una caserma nemica mai vista? Meglio chiedere notizie degli uomini, aspettare guardando le case bianche di Busca sotto la luna e ascoltare l'orologio del campanile che batte le ore e i quarti. Poi viene il momento che con un lampo della pila guardi il tuo orologio e dici all'Amilcare: "Meglio muoversi, mancano dieci minuti". Si va in fila indiana lungo le case e ci fermiamo all'angolo della piazza su cui sta la caserma. Alle due in punto avviene il cambio della guardia. Tocco la schiena di Mario Ciuiu e gli sussurro: "Ora". Mario Ciuiu va a passi lunghi con la sua pistola silenziosa verso la casa della Tina dove dorme l'ufficiale tedesco di collegamento con la Littorio. Noi corriamo a ventaglio verso il posto di guardia illuminato dove ora monta il tenente Polidori, passato con noi. Ciuiu è seguito da Luis e dal Tigre. Con una spallata getta già la porta, la luce della torcia elettrica cade su un grosso cranio pelato. Il maggiore tedesco dorme con una pistola legata alla mano, non fa in tempo a svegliarsi, la silenziosa sputa i suoi aghi di metallo come dei soffi: fftt fftt. Si è svegliata la Tina. "Stai chiusa in casa e non fiatare." Noi intanto siamo saliti di corsa al primo piano dove dormono gli ufficiali fascisti; uno insonnolito sta uscendo dalla latrina. Ercole, che ha muscoli da cavatore di cemento, lo stende con un pugno. Polidori ci indica quelli da immobilizzare, i fascisti veri. "Li imbavaglio?" chiede Piero. "E imbavagliali." Una lampada a petrolio cade a terra, il fuoco si attacca a un pagliericcio, nella luce della vampa vedo correre dei borghesi. Sono già arrivati a far preda. Polidori è in cortile con i soldati della Littorio che si sono rivestiti in un amen: "Chi vuole può andare a casa, chi viene in montagna salga sui camion". Salgono in duecento. Polidori mi dice: "Io vado avanti in motocicletta". Al posto di blocco di Caraglio annuncia che saliamo in rastrellamento. "Va bene," gli dico. Cosa vi dicevo della gioventù? Chi se non un giovane matto crederebbe al tenente Polidori in una notte di luna nel caos di quegli eventi? Siamo nelle mani di questo ragazzo e non c'è tempo per chiederci se dobbiamo fidarci di lui. Amilcare mi lascia venti uomini per la scorta ai prigionieri e torna con il grosso in Val Bronda. Solo allora mi accorgo che ha fatto i capelli grigi in questi mesi. Si va verso Caraglio, presidiata da un battaglione della Littorio. Passare il blocco è una pazzia, ma i littorini che hanno scelto la montagna ci guardano come se fossimo dei padreterni senza paura. Il mio camion è quello di coda e si è fermato accanto al muretto di un giardino: sarebbe uno scherzo saltare di là e salvare la vita ora che manca così poco alla fine. Ma chi comanda non deve aver paura anche se ce l'ha. Vedo una sentinella fascista che si avvicina al nostro camion con il passamontagna calato sul viso. Vorrei parlargli ma stanno aprendo i cavalli di frisia. È fatta. Adesso siamo in terra libera. Chiamo Ciuiu e gli passo il comando. "E tu?" "Preferisco venire su a piedi con il Tigre e l'Alberto." Mi seguono senza discutere, chiedono solo una sigaretta. Fa bene camminare durante le prime luci del giorno nella valle che è stata il tuo rifugio da quell'8 settembre. Siamo ancora vivi. Sui prati spuntano le primule.

Il cibo e la vita

Fu durante la guerra partigiana che il cibo divenne il trait d'union fra la vita e la morte: ora raro e pessimo, ora abbondante e migliore che negli anni di pace. Il peggiore fu nell'autunno avanzato, quello del 1944, quando gli alleati sbarcarono in Francia e i tedeschi decisero di tenere la linea delle Alpi e di ripulire le valli dai partigiani. Cominciò una serie interminabile di rastrellamenti. Non potevamo accettare il combattimento, inferiori com'eravamo per armi e munizioni, ma non volevamo cedere. Lì ho capito che cosa significa per tutti i viventi il controllo del territorio. Il tuo angolo di sopravvivenza. Ci eravamo ritirati nei boschi di Nunsiera, sopra Sampeyre, la nostra prima sede in valle. Il villaggio è stato abbandonato, resta un solo sentiero che sale da Sampeyre e tutto avviene secondo un rigido copione. Alle sei del mattino i tedeschi escono da Sampeyre, prendono la mulattiera, vengono per ucciderci e noi usciamo dai fienili dove abbiamo dormito vestiti, salvo le scarpe. Il cuoco e i suoi aiutanti vanno a mettere in salvo nel bosco i pentoloni e i sacchi di riso e di castagne. Li riprenderemo alle sei di sera, quando si alza il razzo bianco che ordina la ritirata del nemico e finalmente avremo il nostro cibo: riso e castagne bollite. Poiché non ci sono i piatti vanno bene le ardesie dei tetti. Il mese dopo scendiamo nelle Langhe, le colline dell'abbondanza e prima di entrare nella terra promessa ci fermiamo in una cascina di

Monchiero, in riva al Tanaro; al mattino arrivano le donne a chiederci se vogliamo tajarin, uova e salsicce. Quasi non ci crediamo. E nei giorni seguenti metto il comando a Monforte da Felicin, un ristorante da stella Michelin, da portarci, a pace arrivata, la moglie o la morosa. Noi di buona forchetta e di buon bicchiere siamo dei conservatori. Uno dei crucci della nostra età matura è che anche nei nostri alimenti sia cambiato qualcosa; che il formaggio Castelmagno non abbia più l'erborinato della maturazione delle stalle, perché tutti i ristoranti lo vogliono, il prezzo è salito alle stelle e chi lo fa vuole venderlo al più presto. È per questo che ogni tanto salgo nella Serra di Ivrea fino a quella valletta magica dove sta il convento di Bose a trovare il priore Enzo Bianchi. Lui, uomo di Dio, tira a campare, per ritrovare quella certezza comune; la fedeltà alla buona terra e ai suoi frutti, la terra in cui siamo nati e cresciuti. L'ultima volta mi ha fatto i cardi "gobbi" in bagna cauda e le tagliatelle larghe e un po' ruvide per tenere il sugo di cacciagione. C'erano al nostro tavolo il monaco cuoco e il monaco cantiniere. Ogni tanto la campana ricordava i tempi conventuali e dalla finestra si vedevano file di monaci in marcia. "Dove vanno?" chiedevo. "Alla preghiera di ringraziamento," diceva il priore. Ma sì, ringraziamo il buon Dio.

Ho rivisto Kesselring

A guerra finita, a pace ritrovata, ho voluto vedere in faccia il male, quel maresciallo Kesselring nazista fino alla fine e oltre. Non solo il Kesselring della repressione partigiana, ma uno fra i pochi comandanti militari che abbiano eseguito l'ordine hitleriano di fare terra bruciata nella Germania, colpevole di avere perso la guerra.

Il maresciallo Kesselring quel pomeriggio a Monaco di Baviera, al raduno dei reduci dell'Afrika Korps, indossava una giacca marrone. In un salone dell'Oktober Fest, i reduci avevano alzato delle palme di cartone e dipinto dei cammelli. La loro allegria cameratesca era un po' lugubre, e il loro feldmaresciallo invecchiato aveva un viso color pergamena. Ai lati gli stavano due ufficiali. Faceva uno strano effetto ritrovare quei signori della guerra in un salone della Oktober Fest. Su una parete avevano incollato la stampa di un castello tutto torri e guglie, come quello di Ludwig il pazzo.

Kesselring non era il nazista più odiato dagli italiani; prima c'erano quelli delle Fosse Ardeatine, di Stazzema e di Marzabotto. Lui aveva obbedito alle direttive del Führer sulle rappresaglie, ma senza aggiungerci una sua personale ferocia. Così aveva diretto la lunga ritirata stando nel suo comando sul Monte Soratte, una delle montagne rotonde del Lazio. Faceva da cerimoniere il colonnello delle ss Dollmann, una ss mondana, con una madre italiana che mi aveva procurato l'intervista a pagamento; Kesselring certamente lo sapeva, ma anche i vecchi nazisti devono pur campare.

Arrivò il tè con fette di würstel. Io prendevo le cose alla larga: "È vero, maresciallo, che nella campagna d'Italia vi siete spesso trovati in difficoltà per i rifornimenti?".

Kesselring sorrideva. Si rivolgeva a uno degli aiutanti: "Herman, ti ricordi quel che si diceva al comando? Invece di occuparsi delle armi nuove, Hitler avrebbe fatto bene a mandarci i pezzi di ricambio di quelle vecchie. Avevamo molte munizioni, ma non aviazione. Strano destino per uno come me, che fino ad allora aveva comandato forze aeree".

"Secondo lei, maresciallo," chiedevo, "voi tedeschi vi siete comportati bene con noi italiani?"

"Sì," rispondeva lui. "Rimproverate ai miei soldati molti crimini, ma non esageriamo. Sono state poche le azioni irregolari come a Marzabotto, da tre a quattro in tutto che non possono condannare l'intera armata. Mi pare che i miei soldati, tutto sommato, si siano comportati correttamente."

Il maresciallo cominciava a sentirsi a disagio. Guardava Dollmann con aria interrogativa: ma sei poi sicuro che questo non sia un comunista? Comunque si riprese: "Le ricordo che fui io a neutralizzare il porto di Civitavecchia, a decretare Roma città aperta, a salvare le città artistiche Anagni, Tivoli, Assisi, Siena e Pisa".

"Maresciallo," dissi, "la conosce la lapide che le ha dedicato il giurista Calamandrei che comincia: 'Lo avrai, camerata Kesselring, il monumento che pretendi da noi italiani'?"

Adesso Kesselring si era stancato. "No, non la conosco. Ma si è fatto tardi, bisogna che la saluti."

Mi accompagnò alla porta e nel momento del congedo mi domandò improvvisamente e in italiano: "Tu partigiano?".

Non aspettò la mia risposta, girò sui tacchi. C'era anche il fotografo del giornale. Era eccitato e curioso: "Che cosa ha detto?" mi chiedeva. Dollmann sorrideva da uomo di mondo; per lui non era una brutta giornata, i suoi cinquecento marchi li aveva guadagnati. Però avere incontrato

Kesselring così in pensione non mi era dispiaciuto. Sicuro, aver visto il feldmaresciallo in pensione e in borghese non mi era dispiaciuto. Pensavo che per un ufficiale nazista la pensione fosse la punizione peggiore. Passammo per il salone dell'Oktober Fest, fra le palme, i cammelli e i reduci che bevevano fiumi di birra, salutavano, ridevano.

Noi del Monte Bianco

Il Mont Maudit

Il monte anonimo, il Mont Maudit, inaccessibile e maledetto, il Monte Bianco, il pilone di granito che chiude la Val d'Aosta e domina la catena alpina, visibile dalla lontana Ginevra, un pan di zucchero lontano che sembra galleggiare nell'azzurro del cielo. Né Italia, né Francia, né Savoia, troppo alto, troppo completo in sé per appartenere a uno stato, a un municipio. Come patria, gli abitanti delle valli che lo circondano gli hanno attribuito la Harpitania, di cui anche noi foresti abbiamo avuto notizia quando, sui roccioni che dominano la strada per Courmayeur, sono apparse in vernice bianca delle grandi H, che stanno per *harpitaine*, da *harp*, i pascoli alti dove salgono le pecore dopo i lunghi inverni. Non si ha idea di come le pecore salgano per i canaloni precipiti.

Il gigante non appartiene a nessuno, le patrie alpine che lo circondano finiscono sui ghiacciai dei quattromila, più in alto, per secoli, si sono avventurati solo i raccoglitori di cristalli come Balmat.

Attorno al gigante, hanno vissuto e camminato come formiche contadini poveri e aristocratici più ricchi di superbia che di oro: i salassi che infastidirono i romani finché li portarono al mercato di Ivrea e li vendettero in massa. O li impiegarono nelle miniere di rame. Ne sono rimaste le gallerie sul Mont Chetif, il monte dei *captivos* sopra Courmayeur, e al Trou des Romains che sta sopra la

Saxe. Sopra i quattromila gli antichi non si avventuravano, ma neppure sui tremila; agli antichi le altitudini non interessavano, le lasciavano ai camosci e alle marmotte: è per questo che sulle carte le disegnavano tutte uguali, denti di sega senza nome. Per trovare un nome bisognava scendere dai valichi nei fondovalle. Lì c'è stato nei secoli un andirivieni di soldati, bandiere, feudatari e poveri cristi attorno al Bianco, torri di segnalazione al posto del telegrafo da Chambery a Torino, i battaglioni vittoriosi di Bonaparte diretti a Marengo e i reduci della Beresina del 1788 feriti e stracciati appena tornati nei loro villaggi, e già arrivano gli ufficiali dei Savoia per una nuova coscrizione.

Sopra i tremila niente è cambiato in questi secoli, la linea dei boschi è rimasta stabile, i ghiacciai camminano un po' più in su e un po' più in giù. Sotto invece, un mutamento continuo degli uomini e degli animali, delle macchine e delle case. Certe sere, con il medico condotto di Morgex, ci mettiamo a contar le cose che c'erano quando eravamo giovani e che non ci sono più, grandi e piccole: i gamberi di fiume della Dora, i ranocchi a migliaia nelle acque ferme del Marais in Val Veny, i ballatoi di legno, i mulini ad acqua, gli spartineve trainati dai cavalli, le file dei muli che salivano ai valichi, le slitte per le corvée, di quando di neve ne veniva giù a cinque o sei metri, e anche lo champagnino leggero e *pétillant* dell'abate Bougeat che morì mentre dormiva nel suo letto, nella canonica di Morgex, portando con sé il segreto di quel vino che neppure i vignaioli delle Langhe sono riusciti a rifare. Io non sono un harpitano, ma un occitano del cuneese, nella Harpitania ci sono arrivato con la guerra e il giornalismo, con il mio amico medico condotto a Morgex e la seconda casa di Bellardey che mi ricorda l'architetto Egi Volterrani, che prima la disegnò, poi venne a costruirla con una cooperativa socialista che aveva fatto solo cimiteri.

Arrivarono una decina di auto e altrettanti muratori che se ne stavano sempre sdraiati con le radioline accese, e dopo aver scavato una gran buca che si era subito riempita d'acqua un mattino, se ne andarono con un carico dei nostri mattoni, e mi veniva voglia di suicidarmi.

Ma il più grande creatore in quegli anni fu un conte di Biella: Lora Totino, che si era messo in testa di forare il Monte Bianco e poiché era un uomo di fantasia, per convincere il governo a finanziarlo incominciò a forarlo per conto suo. Incominciò a fare un buco all'altezza di Notre Dame de la Guérison, e invitava noi giornalisti a raccontare che il traforo del Bianco era già cominciato anche se era lungo una ventina di metri. Ma con lui, in fatto di opere gigantesche non si scherzava; era arrivato con una funivia al Plateau Rosa.

Lamberti mi chiamò nell'estate del 1948 a vedere come si calava la fune portante della funivia all'Aiguille du Midi.

Dal rifugio Torino arrivammo alla baracca dei lavori proprio sotto la punta dell'Aiguille. Io ero vestito come in città, e faceva un freddo cane.

Il gomitolo della fune era stato portato lassù con un elicottero. Finché ci fu luce, le guide assoldate per quel lavoro ad alta quota trasportarono in sci, a spalle, putrelle d'acciaio e sacchi di cemento su e giù per il ghiacciaio. L'operazione della calata della fune fino a Chamonix sarebbe cominciata l'indomani all'alba; bisognava passare una notte nella baracca del cantiere. Non dormii per l'altitudine. La calata della fune era affidata al mio amico Lamberti. L'Aiguille era già stata collegata a Chamonix da un cavo guida, un cavo leggero cui avevano appeso una cassetta di legno con un bordo alto quindici centimetri. Lamberti mi disse di salirci e io lo feci. Stavo appoggiato di schiena alla cassetta, i piedi puntati sul bordo inferiore, sospeso nel vuoto, là in fondo le case di Chamonix. Le guide sotto di me si calavano per la parete dell'Aiguille tirandosi dietro il cavo portante, mi arrivavano nell'aria gelida i loro richiami, le imprecazioni. Come premio Lamberti mi fece scendere fino a Chamonix. Per qualche mese mi sembrò che il cuore faticasse, ma era solo un'impressione.

Prima della guerra, a Courmayeur l'unico mezzo di risalita era uno slittane tirato da una fune. Ci siamo rifatti nel dopoguerra con gli impianti del dottor Savoretti lungo tutta la Val Veny.

Savoretti era un torinese che commerciava con l'Unione Sovietica; aveva sposato una russa, amica di una figlia di Kossighin. Lo incontrai a Mosca, nel suo grande ufficio dove la consegna era di non parlare mai del comunismo e dei comunisti nel bene e nel male; appena si sfiorava l'argomento, il discorso cadeva. Sembrava di stare in una stazione lunare che funzionava alla perfezione ignorando la povertà e la paura circostanti. Ma il regno vero di Savoretti era a Courmayeur, dove aveva prima affiancato poi superato l'altro signore del luogo: il conte Titta Gilberti, costruttore e padrone della funivia che sale a cima Helbronner, sul Bianco. Entrambi percorrevano i loro regni accompagnati da un maestro emerito di sci, con funzioni di maggiordomo della real casa, pronto a guidarli, a rifocillarli, a fornir loro binocoli e carte topografiche. Savoretti non era un alpinista famoso, un accademico come Gervasutti e Boccalatte, ma li conosceva; era uno del Cai, il Club alpino italiano. In quegli anni, la conquista delle pareti inviolate era impresa che destava ammirazione; i giornali vi dedicavano pagine intere, Chabod e Gervasutti che avevano conquistato le Grandes Jorasses erano dei semidei, seguivano le prime di Bonatti, l'uomo d'acciaio che resisteva notti in parete vincendo il gelo; era il nostro eroe. Un mondo elitario, un po' sadico, di costumi severi, della cui parola non si dubitava, di maestri di sci indifferenti alla paura e alle fatiche dei clienti. Quasi ogni giorno si viveva lo spettacolo della traversata. La lunghissima pista che scendeva sul ghiacciaio fino a Chamonix.

Ricordo la volta che arrivarono da Roma la segretaria di redazione e un figlio del redattore capo dell'"Espresso". Era un ragazzo, incominciò a cadere appena uscito dalla stazione della funivia. Continuò a cadere decine di volte, seguito da un maestro gigantesco che lo sollevava di peso e lo rimetteva sulla pista aspettando la prossima caduta. Eravamo feroci e magari un po' irresponsabili con quelli di città che ci chiedevano di portarli alla traversata. Una volta arrivò il sociologo Pizzorno, con degli sci di legno senza lamine e scomparve quasi subito in un crepaccio. Corremmo con una corda di trenta metri e la guida lo tirò su, ma non era lui, era un altro. Non volevamo crederci, lo guardavamo come un truffatore. Poi tirammo su anche il sociologo, era intatto, non disse neppure grazie, ripartì sui suoi ridicoli sci saltando altri crepacci e rimbalzando sulle gobbe ghiacciate, quasi a prendersi gioco del nostro sadismo.

Si coltivava in quella Courmayeur la necrofilia: ho passato centinaia di sere con gli amici valdostani a elencare tutti i morti da slavina o da valanga. Ripercorrevamo con zelo il loro ultimo cammino riponendoci le domande inutili sulle sciagure avvenute. Perché avessero perso l'equilibrio in un passaggio facilissimo, o sbagliato come Gervasutti un'elementare corda doppia, o messo un piede su una cornice pendula di ghiaccio pronta a cadere. Ma c'erano anche i necrofili veri, come quel garagista che teneva pronta una jeep fornita di pale, barella, corde e appena gli giungeva notizia di una sciagura alpina, partiva su per dirupi e sentieri da capre *usque ac cadaver*, di cui relazionava per giorni ad amici e clienti, come era posizionato, come erano le ferite, il pallore del viso, quello sguardo fermo per sempre. C'erano questi poveri piaceri necrofili, e altre stragi favorite da repentini cambi di temperature, da tempeste che uccidevano cordate straniere, specie polacche o cecoslovacche, alpinisti poveri che arrivati a Courmayeur non si fermavano neppure un giorno ad aspettare che il tempo migliorasse, ma partivano con i loro sacchi enormi diretti alle pareti più micidiali. E il garagista correva con la sua jeep da un vallone all'altro per raccogliere cadaveri appena irrigiditi nel rigor mortis. Nel regno del Bianco c'erano altri svaghi canonici come riconoscere e ricordare tutti i nomi delle vette o *aiguilles* o denti o picchi o ghiacciai o vedrette o combe o laghi con corredo di favole e leggende. "E voi montagne ci guardate, ci guardate ma non siete mai cadute." Che ha voluto dire Elias Canetti? Che fra noi uomini e loro montagne c'è un rapporto impari e metafisico, le nostre mode contro la loro immobilità, le nostre passioni contro la loro indifferenza? Noi che per secoli le abbiamo ignorate e che improvvisamente abbiamo rivolto loro un'attenzione morbosa. La mia generazione ne era appena uscita, ma quella dell'alpino intellettuale e antifascista resisteva. Vittorio Foa ha più di novant'anni, non cammina più in montagna, ma se lo portano in giro in auto si ricorda tutti i nomi, tutte le vie della sua montagna mitica e antropomorfa. Ho intervistato scalatori famosi ancora presi dalla montagna come da una donna bellissima e assassina. La conquista del Monte Bianco è un compendio della cultura romantica dell'Europa *felix* prima delle guerre mondiali. Il gigante senza un vero nome è un miraggio: Alpis Alba, Saxus Albus, Malé, Maudit e si immagina che lassù, dietro le vette, ci sia un gigantesco serbatoio di neve da cui scendono le lingue di ghiaccio. Arriva per primo in vetta Balmat con un medico di Chamonix e poi è la volta dello scienziato ginevrino De Saussure, che resta per tre ore sulla vetta con i suoi strumenti scientifici e poi viene il turno di una donna, Henriette d'Angeville, che intaglia nel ghiaccio il suo motto: "Vouloir c'est pouvoir".

Meno romantica la scalata di un'altra donna, Marie Paradis, una valligiana portata su di peso dalle guide di Chamonix per fare réclame sui giornali.

Ora siamo all'opposto della conquista del gigante, siamo ai desideri naturalistici di riportare il Bianco allo stato primitivo cancellando le autostrade, le funivie, i rifugi e gli alberghi. Imperversa la generazione degli ambientalisti, sono dimenticati i viaggiatori inglesi dell'Ottocento, che apparivano ai valdostani come semidei dalla forza incontenibile, capaci di percorrere a piedi l'intera valle, e di dormire all'aperto nei vigneti di Morgex, orripilati dalle cimici degli alloggi dei locali.

C'è stata anche la Courmayeur degli antifascisti. Le "amate montagne" che gli antifascisti torinesi vedevano in fondo ai corsi alberati e diritti della loro città. Amate perché sicure per le amicizie e per i discorsi, perché il fascismo era degli aviatori e dei bersaglieri e non degli alpini, e perché anche allora prima dell'autonomia c'era l'impressione di arrivare in un cantone indipendente dove il regime c'era e non c'era.

Quella Courmayeur dell'antifascismo azionista, colto ed elitario, non c'è più e lo capisco quando il Bassanini che la gente conosce oggi non è il politico e scrittore, ma il figlio che fa la guida e si occupa del sesto grado superiore. Non era male quella Courmayeur di intellettuali antifascisti. Si andava alla sera nelle loro case, nel loro modo di essere rigorosamente fuori da ogni volgarità, da ogni retorica, da ogni esibizione di potere e quasi ci si persuadeva che l'Italia fosse tutta o quasi così. Non ho ancora capito se quel miraggio alpino sia stato un bene o un male per il cronista che ero, se mi abbia fatto credere in quello che non c'era nel nostro paese. Poi con l'autostrada e il traforo è arrivata la nuova borghesia del terziario commerciale, industriale e tecnologico, una borghesia sezionata nelle sue specializzazioni che non ha più, non dico il piacere, ma la possibilità della conversazione, del linguaggio comune. E allora togli la politica, togli la religione e tutti gli argomenti su cui si contende e ci si appassiona, e si torna ai tempi delle *table* d'hotel, della clientela apolitica e delle acque termali.

Un botanico sul Bianco

Ho trovato nelle Edizioni Il Polifilo un resoconto di viaggio al Monte Bianco del 1849 del botanico fiorentino Filippo Parlatore, che serve a farsi un'idea su come era l'alpinismo di quei tempi, l'equipaggiamento, le guide, gli alberghi e il Monte Bianco di allora, luogo favoloso.
Cominciamo dall'equipaggiamento del nostro Parlatore.

> E siccome temea e con ragione di trovare a quell'altezza una temperatura molto bassa, così portai meco l'occorrente. Coperto già di flanella e di due paia di calze di lana, uno dei quali mi giungeva sopra le ginocchia, avevo indossato gravi panni di lana e una specie di paletot ben ovattato. Portavo in testa un berretto di tela incerata, che potea legare con due nastri perché esso non volasse con il vento e, a cautela, un altro di panno che avea due specie di ale ai lati per difendermi gli orecchi da un freddo troppo forte. Una delle mie guide portava ancora per me una fascia di lana per coprirmi il viso, come pure un paio di guanti di lana. Dappertutto poi io m'ero carico di strumenti. Stringeva la mia vita una cinta di cuoio dalla quale, alla mia sinistra, pendeva uno strumento triangolare, lungo poco più di un piede e con una punta acuta di cui mi servivo per cavar via le piante dalla terra. Alla destra tenevo il martello botanico per rompere con esso i sassi sui quali mi fosse dato di trovare dei licheni, ma lo affidavo d'ordinario a una delle guide perché m'incomodava a salire sulle rupi. Il mio barometro chiuso in un astuccio di cuoio era dietro le mie

spalle, sostenuto da una tracolla anche di cuoio che scendeva al fianco sinistro. Quel mio barometro non ha galleggianti di sorta, molto facile a usarsi; vantaggio non piccolo in simili gite, è stato costruito a Vienna da Kraft. Nelle mie tasche aveo il termometro fatto in maniera di potersi smontare per immergerlo quando occorresse nell'acqua o nella neve, e la bussola della grandezza di un orologio da tasca per conoscere la esposizione della montagna, un anemometro per misurare la forza e la direzione dei venti, un goniometro per sapere l'inclinazione e gli occhiali verdi per difendermi dalla vista prolungata e assai molesta delle nevi e dei ghiacci, un velo crespo verde che è utile non solo quando il vento trasporta e butta sul viso le particelle di neve in esso sospese, ma anche per evitare il contatto a una grande altezza con una luce troppo viva. Quindi coltello, forbici, temperini, libretti per notar le osservazioni, carta per inviluppare i sassi con i licheni, mica per raccogliere il protococco, bicchiere di cuoio per bere eccetera. Una delle mie guide, Bertollieur, portava oltre al berretto, la fascia e i guanti sopra menzionati, anche un vascolo di latta per conservare le piante che dovevo raccogliere. E l'altra guida, Derriad, avea un ombrello, un cannocchiale e il carico delle provviste dei cibi e del vino che dovevano confortarci in quella salita. Tutti e tre avevamo poi i nostri lunghi bastoni di abete, ferrati alla punta, come forniti di bullette erano i miei stivali. Era questo il vestiario che io ho avuto anche ieri l'altro e sul Grammont. Io andavo nel primo tratto sul mulo pensando a quella gita da cui mi promettevo di conoscere alfine quali piante si spingessero fino al termine di ogni vegetazione. Alcune nebbie sorgevano intorno alla sommità della catena del Monte Bianco. Ne consultai le guide, queste risposero che si sarebbero dissipate con il sole.

Ma non sono solo gli attrezzi botanici e l'equipaggiamento a interessare il nostro Filippo Parlatore, ci sono anche gli indigeni, non sempre belli a vedersi...

Che dirvi, mia egregia amica, degli abitanti di questi villaggi della Val d'Aosta? Quantunque avessi visto più volte i Savoia in Svizzera, di questa misera gente così mal fatta e deturpata, dal gozzo pure, non posso nascondervi che un gran ribrezzo e un gran dolore mi ha recato di vederli ancor stamane in questi disgraziati paesi in cui si trovano questi infelici, che non hanno di uomini altro che il nome. Posti davanti le porte e per lo più seduti o affacciati alle finestre con un'aria stupita e imbecille. Di statura bassa, il colore della loro pelle è un giallo scuro a cui devono forse il nome di *marrons* mentre si dicono cretini nel Vallese. Le loro carni sono flosce e molli, le labbra turgide e sporgenti come le loro palpebre, la bocca semiaperta, i capelli pochi, sparsi e rossastri, vivono nella maggiore inerzia, nel più grande abbrutimento; sudici, mal vestiti. Inetti a qualunque cosa; richiesti non rispondono, o mandano suoni poco articolati. Essi mi ricordano deformi abitanti di alcuni punti della Nuova Olanda, descritti dai navigatori e figurati da D'Urville in atto di mangiar lucerte. Sventurati esseri! Perché niuna cosa più mi addolora che di veder la nostra specie degradata a livello dei bruti. Però vi dirò della causa di questa malattia che deriva dall'uso delle acque derivate dallo scioglimento dei ghiacciai che qui si dicono acque crude, con le esalazioni paludose stagnanti nei luoghi bassi. O nei cibi cattivi, nell'immondezza dei paesi, nell'aria poco ventilata quasi stagnante, calda e umida... Dopo il villaggio di Villeneuve la malattia decresce.

"Ma," conclude bonariamente il nostro botanico, "i campi sono ben coltivati e assai stimati sono i vini."

I marrons del Moncenisio

Leonardo Carandini ha scritto *Il grande valico*, un'appassionante storia sul valico del Moncenisio dove si raccontano le imprese dei *marrons*, i valligiani che facevano da guida o da trasportatori dei viaggiatori. Per la storia delle Alpi passa questo filo misterioso degli arabi sbarcati a Le Freynet, che arrivarono fino in Svizzera, al Monte Allalin, predatori, controllori dei valichi, guide, feroci persecutori dei cristiani a loro volta ferocemente perseguitati. I *marrons* del Moncenisio appartenevano alla stessa specie selvaggia che mise a ferro e fuoco il Piemonte del Sud, scendendo dal Colle di Tenda per le valli della Bisalta? Certo, erano diversi dagli altri valligiani.

Racconta Carandini: "I *marrons*, inutile dirlo, si muovevano con grande destrezza sulla neve e sul ghiaccio. Essi indossavano scarpe senza tacco, le cui suole venivano rivestite di cera o paraffina per essere rese impermeabili. Su queste scarpe all'occorrenza venivano fissati dei ramponi di ferro che venivano adattati anche alle mani". Anticipavano così di secoli la tecnica degli attuali arrampicatori sul ghiaccio che usano ramponi e picche con le mani. I *marrons* anche d'inverno salivano e scendevano al colle portando in sedia i viaggiatori. La parte più divertente ed emozionante del viaggio era la veloce discesa in slitta dal colle a Lanslebourg. I viaggiatori venivano fatti salire su rozze slitte e portati a grande velocità per la ripida discesa; seicento metri di dislivello, che veniva chiamata "la pista delle ramasse", perché tale era il nome delle slitte.

Il cronista Lambert descrivendo il passaggio invernale di Enrico IV narra che furono uccisi alcuni buoi e che con le loro pelli si fecero delle specie di slitte. Comunque sedie o slitte vengono chiamate "ramasse" e i viaggiatori ricchi che ci prendono gusto a farsi "ramasser", scendendo e risalendo per alcuni giorni, sono considerati i precursori dei moderni bobbisti. Le rudimentali slitte dovevano essere leggere per essere riportate sul colle; alcune erano fatte per trasportare anche tre persone. La discesa richiedeva in media dai sette ai dieci minuti; dicono che il record spettasse al maresciallo napoleonico Murat, con sei minuti. La Novalesa era la prima delle due borgate che s'incontravano salendo per la vecchia via da Susa a Venaus. A Novalesa c'era l'abbazia che i saraceni, gli antenati dei *marrons*, avevano incendiato e rasa al suolo. I viaggiatori poveri dovevano aspettare d'inverno il passaggio di qualche viaggiatore ricco che avesse dei battitori della pista. Un cardinale francese che andava a Roma era accompagnato da cento cavalieri. Un commerciante di Bologna passa il colle portando al seguito ventiquattro cani da vendere in Francia.

In fondo i *marrons* erano dei buoni diavoli, per lo più allegri e che per far piacere ai viaggiatori spingevano le loro sedie appaiate in modo che i clienti potessero conversare. Essi raccontavano storie, leggende, raccontavano delle persone che avevano trasportato.

Al colle è mancato un solo grande viaggiatore: Annibale. Per secoli gli storici si sono accapigliati sulla "question d'Hannibal", fino ad annoiare chi insistesse a occuparsene. Adesso i favoriti sono i colli del Monginevro o del Piccolo San Bernardo.

I tre miracoli

Chiamo miracoli queste tre sorprese della montagna perché avvengono di rado, solo durante la lunga vacanza alpina della guerra partigiana.

Il primo e più grande fu sulla montagna di La Salle, sopra il Tramail des Ors, dove la cresta del Colle Falita si alza verso il Col Serena da cui si può scendere nella valle del Gran San Bernardo.

Chi sta in montagna a lungo, senza una data, senza una meta, si sveglia e va.

Ero partito da Challancin, il più alto dei villaggi della "cota", la collina di La Salle dove matura la vite fino ai milleduecento metri. Ero salito per la strada militare alla baita del mio amico Formento e poi, quasi senza accorgermene, con le gambe che andavano per conto loro, alla stalla in costruzione del vecchio Tampan, che ha passato la vita a costruire case come fanno i valdostani, a memoria, senza aver bisogno di capomastri e geometri. I tronchi d'albero sono sul posto come le pietre tonde dei torrenti, come le ardesie per il tetto e il filo a piombo per tirare su diritti i muri. I miei amici e protettori sono Tampan e Pratt. Tampan lo trovo dove si sposta, Pratt a Planaval dove ha aperto un bar ristorante. L'altra sera c'era il ballo dei coscritti, sono andato al bar e lui d'improvviso mi ha detto: "Tutte le volte che lo vedo salire con gli sci verso il Col Serena mi chiedo se sa che è un posto di valanghe. Sono tranquillo solo quando lo vedo tornare". Saluto Tampan che, come è d'uso mi chiede che tempo ho portato, che è un bel modo di attaccare discorso, il tempo che fa lo vediamo e partiamo con il piede destro. Gli chiedo, tanto per andare sul sicuro, se ci vende il fienile di Bellardey dove vorrei fare il mio studio. Lui risponde come sempre: prima deve chiedere a suo figlio se è d'accordo, e siccome è lui che in casa decide tutto vuol dire che non hanno ancora deciso, che non sanno ancora se è il momento di vendere, visto che sulla collina i prezzi continuano a salire. Prendo la strada del Colle Falita non avendo ancora deciso se continuare o meno, ma la Testa dei Fra, la cima intermedia verso il Col Serena, sembra lì a due passi e tiro avanti. Ora comincia la vera fatica, non c'è più sentiero, ma la cresta è coperta da spezzoni di una roccia rugginosa per cui bisogna passare anche strisciando fra un masso e l'altro. Sotto di me vedo Planaval, la gente che cammina sulla strada verso le casermette. Nel nido dell'aquila quasi ci cado dentro e vedo l'aquila, una cosa nera, enorme, forse vecchia e sorda perché non si è mossa. Finalmente mi sente e si alza come uno di quegli elicotteri giganti da trasporto che faticano a sollevarsi; vedo la sua testa calva, le grandi ali che sbattono, penso che può venirmi addosso con i suoi artigli, con il suo becco come nelle copertine della "Domenica del Corriere", quando rapisce il pastorello. Mi calo fra due blocchi di roccia e sento il rumore delle sue ali mentre mi ritorna sopra. È il rumore di un treno in salita, ferri che sbattono con fumi e sibili di vapore. È passata, mi alzo a guardare, sta già planando verso il Vertosan, verso la Valpelline, in pochi minuti ha sorvolato la montagna del Col Citrin, in breve è un punto nero che si allontana nel cielo azzurro.

Temo di aver favorito la sua morte. Ho scritto un articolo sulla mia avventura e nei giorni seguenti la voce si è sparsa, sono arrivati cacciatori da ogni villaggio, per giorni a Bellardey abbiamo sentito gli spari. L'hanno uccisa o mancata? Un mattino ho alzato gli occhi al cielo azzurro, e sopra la Grande Rochère c'erano due aquile che volavano altissime e ad ali aperte su una corrente ascensionale.

Si era salvata! Anni fa un'aquila della nostra collina fu trovata dal dottor Formento, il medico padre del mio amico, su un prato con una zampa rotta, almeno ancora così si racconta a Morgex. Si racconta che il dottore la curò e che la lasciò andare libera una volta guarita. E dicono che il giorno che ci fu il funerale del dottore venne vista un'aquila volare a lungo sulla chiesa e sul cimitero.

L'anno dopo, in quell'anno dei miracoli, vidi la corsa dei trecento o quattrocento stambecchi. Non a La Salle ma in un vallone dell'Entrelor.

Ci eravamo seduti sull'erba per tirare il fiato e arriva un rombo da un vallone vicino, come di terremoto, e un suono di tromba. E da una cresta esce, come un torrente in piena, la colonna in fuga degli stambecchi. Forse quel suono di tromba era dei forestali che li avevano cacciati per contarli, forse il capobranco era stato colto da un terrore improvviso ed era partito al galoppo con tutti gli altri dietro. Il branco percorreva sui prati di fronte a noi un percorso sinuoso per evitare i salti di roccia e i buchi del terreno, e in quella corsa sfrenata splendevano i colori ramati del pelo e il marrone delle lunghe corna. Quando furono di fronte a noi il fragore del galoppo risuonò in tutta la valle come fosse arrivato il giorno del giudizio universale e stessero per suonare le trombe degli angeli. Immobili, stupefatti guardavamo i trecento o quattrocento stambecchi, visti tutti assieme, senza binocolo, senza distinguerli, a fatica su qualche pietraia o cresta precipite. E in coda al branco correvano i piccoli e dietro di loro, a protezione, una decina di stambecchi anziani di retroguardia. Mi è capitato una sola volta in ottant'anni di montagna e non so neanche raccontarlo, non ci crederebbe nessuno, forse solo i guardiani del parco che devono fare la conta.

Il terzo miracolo si ripeterà a ogni primavera, ma se non sei un pastore che si è alzato quel mattino all'alba, se non sei un partigiano che deve raggiungere una banda con cinque o sei ore di marcia non lo vedi, perché il miracolo della fioritura di ranuncoli avviene in pochi minuti ai primi raggi del sole, quei calici bianchi o gialli o rosa si aprono tutti assieme nel giro di pochi minuti, tutti devono mostrare la loro bellezza al buon Dio negli stessi prati, alla stessa ora. Se non lo avessi visto con i miei occhi non ci crederei, ma ero tornato nella nostra baita la sera prima e c'erano solo alcune margheritine e bucaneve, il verde dei prati dominava e ora, all'alba, una sterminata aiuola, un enorme giardino che non dimenticherò mai, anche perché all'alba adesso dormo.

Elogio della provincia

Il grande giro

Mio nonno Giovanni Re è nato al Passatore, frazione di Cuneo, campagna alluvionale, sassosa e povera. Per arrivare in città, al di là del fiume Stura, sull'altipiano a forma di cuneo, lui, maresciallo d'alloggio, e mia nonna hanno passato il fiore della loro vita girando per i presidi del regio esercito, solo da vecchi sono riusciti a mettere su casa in città e per mantenerla hanno dovuto dividerla con mia madre Carmelina, maestra elementare, sposa a un Bocca di Biella, professore di matematica fuori ruolo, costretto a peregrinare per sedi anche lontane come Lodi. Lui e mia madre maestra hanno fatto sacrifici per allevare me e mia sorella Anna. E noi siamo fuggiti dalla provincia, lei a Torino, io a Milano. Lei non ha avuto figli, io una figlia, Nicoletta, che un giorno si è stancata della città, delle sfilate di moda e se n'è andata a San Fereolo, nelle Langhe di Dogliani, dove il cerchio provinciale si è chiuso, lei produce dolcetto e alleva un figlio, Pietro, che mi chiama "nonu", mi spiega cosa sono i "pumpaperu", le spighe che ti risalgono per il braccio sotto la camicia e come funziona la macchina per spargere il letame. Ha dieci anni e guida già il trattore piccolo che va per i filari. Valeva la pena fare il grande giro per ritrovarsi al punto di partenza? Io non lo ammetto, ma sotto sotto ne sono contento, perché le città hanno fatto la storia d'Italia, ma ciò che la tiene assieme sono la provincia e i provinciali, pronti a tutto per andare nelle grandi città, ma per portarci il desiderio forte e mai spento di scapparne. Che ha di buono la provincia? Per cominciare ha di buono che c'è, e che ci dà da mangiare. Cosa che un provinciale non dimentica mai, vive tra fabbriche e case, ma sa che fuori ci sono i campi del grano e gli alberi da frutta. E il fatto che la provincia ci dia da mangiare è l'unico vero legame che ci resti con la natura, che rimane la cosa più misteriosa che ci sia. L'idea confortante di un provinciale andato in città è che mentre lui è in coda in qualche puzzolente via metropolitana o in qualche tana di cemento a manovrare macchinette e tutti i "tele" che gli servono per sopperire alle capacità naturali che ha perso, c'è un'Italia che continua a produrre parmigiano, vino, pane e burro, prosciutto e frutta. Un pensiero confortante come quello di Maso, il provinciale toscano che racconta a Calandrino il paese di Bengodi: "Et c'eravi una montagna di formaggio parmigiano grattato sopra la quale stavano genti che niuna altra cosa facevano che fare maccheroni e ravioli". Ecco che cos'è ancora la provincia, il pensiero che nel mondo pazzo e puzzolente dello sviluppo senza limiti ci sono ancora luoghi dove i "tosoni", le forme di grana sui trentacinque-quaranta chili, vengono messi a spurgare sulle spersole, un'ora dopo la cottura del latte cagliato, sempre la stessa tecnica che gli dei hanno rivelato agli uomini nell'Età dell'oro, e io mi dico: "Allora è vero che il buon Dio permette ancora le cose che non cambiano ogni dieci minuti, che non sono da buttare via appena le hai inventate". Il pensiero che una campagna da cui sono fuggiti a milioni è per fortuna ancora lì, con i pascoli sempre verdi delle marcite su cui in inverno si spande la lanugine luminosa della rugiada, ancora lì con i miracoli millenari del caglio e della salamoia, delle due mungiture per la miscela fra latte scremato e cremoso; o del Vernengo, il grana giovane senza il quale i tortelli di magro non vengono buoni come nelle osterie vicine al Po di Piacenza. Ancora lì con i misteri gaudiosi della natura, dei grandi crus del vino per cui un barolo vero nasce solo fino a quel cippo sulla collina. O un Castelmagno, solo in quella valle, e ci sono acque che fanno lievitare il pane con soffici caverne ariose, saporito, leggero, mentre altre nelle città lo appiattiscono come un pastone. E quest'Italia ha ragione di lamentare l'avarizia di quella che in città spende e spande per le macchinette inutili, per lo spreco colossale dei consumi superflui o pessimi.

La provincia è saggia, ha resistito alle mode e alle follie della fuga dalle campagne negli anni del "miracolo". Dopo il 1953 in dieci anni se ne sono andati dalle campagne un milione e mezzo di persone, la provincia collinare e montana sembrò condannata a morte, le dolci colline della Toscana abbandonate: Gabbiano, Quercitorta, Quercitortina, Torrette, La Rosina, Tetti Sargent; a ogni podere abbandonato il suo nome, il suo cartello stradale ancora per qualche anno, poi, quattro muri diroccati. In certe valli del Piemonte uno spopolamento del novanta percento, a Elva nella Val Maira è rimasta nel deserto una Parrocchiale con affreschi di un pittore fiammingo mandato dai marchesi di Saluzzo al fedele popolo delle montagne.

Fuggiti perché? Crediamo di saperlo: il lavoro duro delle campagne povere, gli scarsi guadagni, il clima, ma anche ragioni meno concrete, meno palpabili, l'angoscia collettiva dell'emarginazione, le speranze vane ma irresistibili di trovare fortuna e felicità, di stare dove tutti stanno, nelle città verso cui tutti corrono e se è così ci sarà pure una ragione. Ma la provincia ha tenuto, il grande esodo si è fermato, i contadini scesi in città per diventare operai di una classe centrale, decisiva, hanno capito di essere ancora e sempre dei proletari. Magari dei proletari più fortunati di altri, dei *particular*, che hanno ritrovato il piacere sommo di camminare sulla loro terra potendo dirsi: questa è mia, qui ho messo radici, non sono uno senza nome e proprietà che il vento si porta via. La provincia tiene perché anche i suoi aspetti che sembravano retrogradi e mediocri oggi sono da rimpiangere. La differenza fra Italia provinciale e quella metropolitana, che sta nella sfera morale, è ancora questa: che entrambe sono piene di ladri, di imbroglioni, di furbi, di ipocriti, ma nella provincia il modello virtuoso sopravvive, e sopravvive la vergogna della delinquenza, il controllo sociale esiste ancora, non ci si vanta dei propri peccati, non sono scomparsi il pudore e la vergogna.

Si è salvata anche la provincia che mangia e beve bene, con le gambe sotto il tavolo, mentre quelli della città sono in fila in un bar o in un "mangiatoio" a tranguggiare panini da ingrassaggio o i piatti della cucina rapida, come la chiamano, tre foglie di insalata e un hamburger che se pensi alla provincia del culatello, di Busseto, Zagarolo, Zibello, Frascarolo ti viene da piangere. E ti ricordi la volta cha a Spigarolo hai visitato il laboratorio di Carlo Dassena dove i culatelli li fabbricano. E Dassena ti diceva: "La coscia deve essere grande, via la schiena e il collo che non sono abbastanza teneri e dopo un primo spurgo con sale e pepe devi benedirlo con qualche spruzzo di barbera, meglio se nella ciotola hai messo un profumo di aglio". Ho chiesto a Dassena dove si trova il culatello ottimo, mi ha risposto: "C'è solo una regola generale: scegliere quelli insaccati a dicembre e pronti nell'ottobre dell'anno dopo: ma a scegliere le bestie giuste è sempre un terno al lotto". Per un culatello la stessa maestria che per uno Stradivari. Il culatello perfetto lo mangiavamo a Sanboseto dal Cantarelli che ha portato con sé il suo segreto, che pare fosse quello di farli maturare nel pozzo. Sempre la stessa storia dei miracoli contadini: gli alimenti buoni o ottimi sono quelli fatti con amore. Il salame fra tutti. Il contadino sceglie la carne migliore, la insacca senza usare la plastica, fa maturare il salame nella sua stanza da letto in modo che stia nel tepore e vi si asciughi, poi la fa rassodare in solaio dove passa l'aria pura mista alle nebbioline della campagna, mentre l'altro di città esce dalle fabbriche in serie come le auto a Mirafiori, il "salame da corsa".

Forse in questa nostalgia della provincia c'è anche la confortevole certezza di essere fuggiti dalle sue fatiche, dal suo controllo, ma non è proprio così, non è solo svago e riposo, c'è anche il bisogno di stare nel mondo, di guardare il mondo-natura come è, non solo le case e i casoni delle città, grigie barriere coralline. Anche il piacere di ritrovare il mondo come lo hanno fatto i millenni e i suoi frutti "brut e bun", brutti e buoni come quei cioccolatini con le nocciole, schiacciati e torti, che le due signorine invecchiate nella confetteria di Cherasco tenevano nei vasi bianchi a fiori azzurri, da farmacia. Anche il piacere di ritrovare la gente come è, bruttina, presto appassita, con le rughe e i dolori alla schiena, non rifatta e finta come quella di città, che vuole assomigliare alle divette della televisione. Dalla provincia langarola arrivò a Roma un valoroso comandante di legione che si chiamava Elvio Pertinace. Ci arrivò come imperatore, per governare con saggezza e umanità. Non glielo perdonarono, i pretoriani stanchi delle sue virtù lo trucidarono. Forse sono ricordi così, che noi provinciali in visita a Roma sentiamo passarci nel sangue con timore e sospetto.

Beivumne una

Che ne sanno del vino gli italiani? Tutto e niente, perché il rapporto che hanno con il vino è un rapporto di memorie, di sentimento assai più che di gusto. Intanto dividiamoli fra quelli che lo fanno e quelli che lo bevono soltanto. Io per parte di nonno appartengo ai primi. Mio nonno era uno di quei piemontesi delle terre di grano e di frutta, che l'uva se la fanno arrivare dalle terre di vigna. È quasi sempre uva di seconda qualità, e il vino acidulo che fanno resta sullo stomaco. Posso dirlo perché seguii in alcune campagne elettorali un mio cugino senatore socialista: risalivamo le valli del cuneese e a ogni paese si doveva berne una, "beivumne una", con i compagni. Alla sera eravamo fuori combattimento. Anche mio nonno Giovanni Re si faceva arrivare l'uva dalle parti di La Morra. Ma solo ora ho saputo che le uve che quelli di La Morra vendono a quelli della pianura sono del versante nord che scende su Cherasco, terre di gesso per un vino duro e senza profumo.

Comunque per noi era il massimo, riempivamo il tino nella cantina e pestavamo le uve con i piedi, quando mio nonno si accorgeva che i fumi del mosto stavano dandomi alla testa e vedevo le fiamme delle candele oscillare, come se in cantina fosse arrivato un vento, mi prendeva in braccio e mi portava a dormire. Il vino buono della Morra l'ho bevuto più tardi, negli anni quaranta, quando eravamo partigiani a Monforte e il vecchio Conterno dell'Osteria del ponte scendeva in cantina, anzi nell'infernot, la sottocantina per le bottiglie rare, e tornava su con quelle che aveva murato per il matrimonio dei figli. Ma ora, con la guerra, ci aveva ripensato: "Meglio che le beviamo noi che i tedeschi".

Il vino di barbaresco me lo sono bevuto nei primi anni del dopoguerra, nella cantina di Alfredo Bianco, che lo spillava dalle botti con una provetta di vetro, lo scolava nel bicchiere, lo alzava alle luci del tramonto e gli usciva fuori un grido di giubilo che planava sulle colline, nel tepore della sera. Il nebbiolo e il dolcetto lo fanno i vignaioli, ma il barolo pare lo faccia il buon Dio, se è vero quel che diceva a un pranzo da Cesare ad Albaretto della Torre quel reverendo ultracentenario arrivato da Fossano con gli amici a festeggiare con peperoni in bagna cauda e tajarin tartufati. Uno di quei pranzi che hanno inizio lento, ma poi affondano nelle ore come un coltello nel burro, solo il crepuscolo ti avverte che è ora di tornare a casa. Il reverendo piccolo e spelacchiato si alzò a parlare, ringraziava il buon Dio che ha creato il seme che poi germoglia e poi diventa albero che dà il frutto da cui questo meraviglioso barolo. E chi se non Dio ha creato il sole che fa maturare i grappoli? Le prove di san Tommaso non mi avevano mai convinto, ma queste del reverendo mi parevano inoppugnabili.

C'è una cultura del vino in Italia? Se sto a quelli che vengono a pranzo da me, c'è un apprezzamento ancestrale che arriva da lontanissimo per i vini buoni. Metti in tavola quattro bottiglie di vino buono, ma normale, e quattro di eccelso e tutti, anche quelli che bevono solo acqua o Coca-Cola scelgono subito l'eccelso. E non lo bevono come una rarità, come un peccato di gola, ma come fosse il loro vino, quello di ogni pasto. Ma non lo comprerebbero mai, l'idea di spendere cinquanta o centomila lire per una bottiglia è da loro inimmaginabile, nessuno di loro ha una cantina, se invitano qualcuno, scendono a comprare quattro bottiglie dal vinaio o dal droghiere. E ti chiedono: "Ma come fai ad avere questo vino?". "Lo compro," rispondo. "Da chi?" chiedono. "Dai produttori. Ci sono libri in cui si dice come si chiamano e cosa producono." Sembrano interessati, ma ordinare del vino per la maggior parte della gente è un'impresa superiore alle loro forze. È scoppiata la moda del vino, l'Italia intera è piena di mostre, feste, cerimonie in cui folle di italiani fanno ruotare il vino dei calici come degli esperti, non fai a tempo a versarglielo nel bicchiere e sono già lì che lo guardano in trasparenza, lo odorano, lo girano e rigirano come se avessero passato la vita a fare il sommelier. E ogni mese c'è una nuova moda: del vino siciliano, di quello umbro, del pugliese. Perché oggi tutti hanno imparato a lavorare il vino, e i bianchi meridionali, dicono, sono di gusto fino come quello del Friuli, e gli spumanti della Franciacorta sono meglio degli champagne e quelli della Valtellina barricati e irriconoscibili. Ci sono delle macchine che danno al vino la gradazione alcolica che vuoi, di tredici, di quattordici gradi, che un tempo erano vini da dessert. In un certo senso si beve meglio che in passato, porcherie come i falsi barolo, i falsi dolcetto che per decenni si sono bevuti nelle nostre osterie e che hanno provocato le morti precoci di nostri padri e nonni, sono scomparse, ma le forzature si scoprono ancora, i vini meridionali rivelano il loro fondo marsalato. Quelli che in ogni regione hanno trovato il loro appassionato produttore, rivelano ancora la loro inconsistenza. Perché i vini buoni vengono dai terreni da vino buono, dalle Langhe e dalla Novarese in Piemonte, dal Veneto e dal Friuli, da alcune province toscane, e aveva ragione quell'inviato di un vescovo tedesco a piantare i suoi avvisi di "Est Est Est" per avvertire che dalle parti di Chiusi c'era vino buono. E infatti Angelo Gaja, che del rosso buono è il re, ci ha aperto le sue cantine.

La battaglia dell'Arneis

Chi pensa che i grandi del vino langarolo lo facciano per i soldi non si sbaglia di molto, ma c'è anche il resto, c'è la sfida contro gli altri, contro i tappi, contro le barriques. Gaja ha vinto la sua sfida con il padre, ha piantato vitigni di cabernet in terra di Langa, Bruno Giacosa ha vinto la battaglia dell'Arneis, il vino bianco del Roero. Tempo fa mi diceva: "Lei sa che Arneis viene da 'arnese', che da noi vuol dire 'matto', un poco di buono. Il grappolo è piccolo, se sbagli di poco la vendemmia sei finito, ma senta il profumo". Il profumo è un fiato stanco, amaro, che poi si apre in bagliori dorati, in code raffinate. Diceva ancora Giacosa: "Dopo la guerra l'Arneis era quasi scomparso, il mercato non voleva saperne, ma i privati se n'erano tenuti chi tre, chi quattro filari per il consumo proprio". I grandi del vino langarolo saranno una decina e si sorvegliano a vista, da casa Ratti vedete sopra di voi la collina dei Cordero di Montezemolo, con il cedro del Libano che se muore lo ripiantano. A due passi ci sono i Conterno, i Ceretto, i Bianco, i Gaja, i Mascarello, i Rinaldi. Tutti gran maestri del vino cui possiamo chiedere: ma c'è o non c'è il nuovo modo di fare il vino? C'è o non c'è? C'è se si pensa che i grandi come Angelo Gaja hanno investito decine di miliardi in macchine sofisticate come il polmone di caucciù, che pigia dolcemente le vinacce; ci sono i silos della fermentazione a controllo elettronico, ci sono le cantine riscaldate o raffreddate a comando, i grandi travasi sotto i gas pesanti, come l'azoto, per impedire le ossidazioni. I travasi che per secoli avvenivano come si legge nel Museo dell'Annunziata: "Dopo vanno empiti dodici sacchetti del vino riposto nella tina, con una grande cazza di rame o meglio con qualche vaso di legno e lasciare uscire detto vino nei mastelli, a sua comodità". Che rispetto per il nobile liquore! Ora invece lo trattano come un prodotto industriale, mosti e vini sui nastri trasportatori verso l'incassettamento in legno, che è francamente uno spreco e una scomodità, ma è il mercato a chiederlo invece dei fiaschi e bottiglioni di un tempo. Cassette con nomi impressi a fuoco, marchi eleganti, esotiche come le scatole dei sigari Avana. Anche le bottiglie sono state perfezionate. Gaja ha turaccioli di sessantatré millimetri, va lui a scegliersi il sughero in Sardegna. Sistemati i tappi, Angelo è passato alle bottiglie: quelle normali da seicento grammi erano troppo fragili, ora le fa di ottocento, con il marchio della casa.

Poi si può scendere a Neive e fare le stesse domande a Bruno Giacosa. "Qual è il suo modo di fare il vino?" "Quello di mio nonno," risponde, ma con lo svantaggio che di uve come le sue non se ne trovano quasi più. Ma cosa pretendono da questa povera terra? Che dia e dia in continuazione, sempre più caricata di concimi, di diserbanti, di anticrittogamici. Nelle terre del moscato non riescono più a fare vini sopra i sette gradi, qui a Neive mio nipote ha piantato dei peschi e si è dimenticato di concimare. Non hanno dato frutti. Se vogliamo chiamare le cose con il loro nome, perché non dire che dietro questo nuovo modo di fare il vino ci sta questo: portare a casa più soldi possibile. Il vino di alta qualità è poco e ancor meno sono quelli che se ne intendono. Ne deriva la tentazione di vendere per ottimo anche il mediocre, contando sulla credulità degli ignoranti. Punto e basta. Perché si può curare la fermentazione, badare all'igiene, ma non c'è enotecnico al mondo che riesca a dare al vino dei talenti che non ha naturalmente. Non c'è un cru, una vigna uguale all'altra. Non c'è un'annata identica a un'altra.

Quelli che tagliano un'annata cattiva con una buona non fanno la media, ma le uccidono entrambe. Certo, se stappi un vino francese, barricato, è un concerto di profumi. Poi lo bevi e incominci a ridimensionarlo, il gusto è sempre lo stesso, se poi lo lasci lì per una o due ore è già caduto. Noi i "fund d'la buta", i fondi della bottiglia, li diamo agli amici dopo quindici giorni, come il vino migliore. Giacosa non possiede terreni, ma dal padre, dal nonno ha ereditato una mappa dei migliori delle Langhe e del Monferrato che sono sempre quelli, una ventina. Ma i nuovi produttori ricorrono agli enotecnici per rinforzare, mascherare, profumare. E lo senti subito, se hai palato, senti che dentro c'è un corpo estraneo, come una concia aggiunta. Il ragionamento dei produttori innovativi non è da buttar via: per fare il vino di qualità ci vogliono i terreni buoni, ma anche la manodopera specializzata e i grandi investimenti. Chi è disposto a pagarli? Il mercato nazionale solo in parte e a fatica, chi compra bene sono gli americani, i tedeschi, gli svizzeri, il turismo enologico cresce, gli alberghi delle Langhe e del Monferrato non bastano più. Si moltiplicano cuochi e camerieri, si mettono in proprio, dunque bisogna in parte adattarsi alla scuola internazionale, quella francese, in parte innovare, in parte camuffarsi, ma ci vogliono molti soldi. Le vecchie botti duravano una vita, ma le nuove, le barriques di rovere bianco che dà il tannino e i profumi al vino, durano pochi anni e sono carissime, e bisogna imparare a usarle a proprie spese. Dice Gaja: "Di barriques ne ho un migliaio, durano cinque anni, costano più di cinquantamila euro ciascuna, faccia il conto: solo di barriques spendo decine di euro al litro. Alla prima prova mettiamo il vino nelle barriques come ce le hanno vendute. Non va bene, troppo tannino. Proviamo a toglierne una parte con dei lavaggi, ma non funziona; ci sono troppe differenze tra una botte e le altre. Finalmente arriviamo al sistema centrale di lavaggio con vapore a centoquindici gradi e acqua a ottantacinque, in tutte le botti il tannino si riduce del cinquanta percento. Sa quanto ci abbiamo messo? Dodici anni!".

Grandi botti antiche o barriques? I Savoia non si arrovellavano. Scrivevano al conte Falletti o a sua moglie Victorine: "Il nostro sommelier di bocca toglierà quattro carra di vino anche se da altri già acquistato".

Luigi Pira, l'ultimo a pestare le uve con i piedi, se n'è andato alla maniera langarola, si è buttato nel pozzo dopo avere scritto alla sorella: "Questo è il miglior giorno della mia vita".

I maligni dicono che è il troppo vino a causare la depressione. I vecchi produttori di vino non avevano in pratica problemi commerciali. Mandavano il vino imbottigliato ai clienti fedeli, ai soliti indirizzi, il notaio, l'avvocato, l'industriale oppure lo tenevano sotto il portico, nelle damigiane e nei bottiglioni a maturare anche per sei anni.

Che fare? Puntare sull'alta qualità e mettere i Sori Tildin e i Cannubi a cento euro la bottiglia? Uno come Giacosa, come Mascarello, esita, ma il re Gaja dice: "Alzare la qualità di un grande vino è come aumentare di cinque o dieci chilometri orari un'auto di Formula uno. Costa moltissimo in fatica e in soldi". Ha ragione, chi lo vuole lo paghi. Magari per sbalordire una bella donna: due bottiglie di Barbaresco Gaja rimandate, da Belmondo ma pagate, al Circus di New York perché avevano un leggero odore di tappo. "Inesistente," giura Gaja.

Gli anni degli sci veloci

Sciare sull'Etna

Fra il 1938 e il 1941, per tre buoni anni, la mia vita fu quella del corridore di sci professionista. Finivo di sciare a maggio, e a giugno ricominciavo ad allenarmi con le corse in montagna. Considero, adesso che sono vecchio, con stupore e gratitudine la fiduciosa permissività dei miei genitori, soprattutto di mia madre Carmelina, la maestra. Mi lasciava andare in giro per le montagne d'Italia e d'Europa a sciare a spese del Guf Torino, il Gruppo universitario fascista, o del Sai, Sci accademico italiano. Per la ragione che, fra gli universitari, di sciatori discesisti se ne trovavano moltissimi, mentre fondisti erano pochi, o valdostani o cuneesi. Lo sci fascista era, come tutto allora, grandi numeri e statistiche. Era una pratica che doveva essere di massa e che andava registrata per la propaganda, e anche perché a tutte le dittature lo sport piace, fa pensare ad altro che alla politica, è divertente, rende simpatica la gerarchia al potere, è uno degli aspetti della modernizzazione, della maggior salute, della maggior igiene, della maggior bellezza. Lo sport non era in sé fascista, ma di tutti i paesi ricchi e civili, e al regime conveniva; lo faceva passare per una sua specialità, per un suo dono.

Insomma, non pensavo ad altro che agli sci veloci, al calendario delle gare, primissima alla fine di ottobre, la Coppa Carpano sulla montagna di Sauze d'Oulx, così anticipata che spesso arrivava prima della neve o insieme alla prima neve. Ne ricordo una che fu rimandata perché noi concorrenti avevamo raggiunto i battitori della pista, sotto una di quelle nevicate così fitte che ti sembra tolgano il respiro... L'anno intero dentro lo sci come pratica, come mitologia e magia alla ricerca dei poteri, dei segni, delle mode, delle superstizioni che circondano affettuosamente quel mondo: la fotografia di Eric Larson campione svedese ritagliata dai giornali e copiata davanti allo specchio della camera da letto di mia madre. Stessa inclinazione del busto, stesso piegamento delle gambe, e posizione dei bastoncini, stessa ricerca della forza e del misterioso primato dei nordici che allora sembrava stabilito una volta per sempre dagli dei e che solo nei decenni successivi è stato smentito dagli europei del sud e mediterranei. Il potere magico che avevano i maglioni con i ricami bianchi dei cristalli di neve, le reti di lana bianca per il capo, i calzettoni bianchi e le scarpe, l'adorazione per le scarpe da fondo su misura che il calzolaio Parola di via Roma faceva per gli "azzurri", in primis Giulietto Gerardi, il postino dei Bagni di Vinadio che aveva vinto la diciotto chilometri ai campionati italiani e nessuno lo conosceva, salvo Detto che stava attento a tutto ciò che di buono maturava nella provincia. E Giulietto era il fornitore delle altre magie: gli sci Karu finlandesi che mi vendette a Cortina e che mi sembrava volassero da soli, (li ho lasciati in eredità al giovane Garnero di Limone Piemonte perché ci continuasse), le scioline Kiva che andavano bene dovunque in pianura, in discesa, in salita, da tirare su con il dito dalla scatola metallica che facevano i fili come il miele. Le pistole ad alcool per bruciare le cere rimaste sotto gli sci per il fondo, lo strato duro da lasciare la notte prima della gara sul balcone a gelare. E la stellina d'argento da attaccare sulla punta, vicino al marchio del guerriero vichingo della fabbrica Ostbye. Ma anche provare segretamente le scioline che fabbricava Italo Solda nella sua casa trentina con fornelli e cere casalinghe: "Non hai provato la Solda? Dalmasasso ce l'ha a Torino nel suo negozio a Porta Palazzo". Il calendario delle gare non finiva mai: i campionati piemontesi a Bardonecchia, poi i Littoriali a Madonna di Campiglio, poi quelle dello sci accademico in tutta la cerchia alpina e anche sull'Etna per il trofeo Duca di Misterbianco, una gara unica; partivi nella prima frazione in leggera salita, sulla neve ghiacciata, granulosa che quasi si affaccia sul cratere, e vedevi sotto di te il mare azzurro da Catania a Messina, e anche la Calabria e l'Aspromonte. E sul vulcano le vallette e i boschi che dal basso non si scorgono, le nevi intatte, i rari casolari che dureranno finché una colata di lava se li porterà via e là in fondo verso l'interno dell'isola, il feudo di Bronte, regalo dei Borbone a Nelson, l'ammiraglio che li aiutava a impiccare i Caracciolo e gli altri patrioti della rivoluzione liberale. Passato lo stretto c'erano le gare calabresi della Sila negli immensi faggeti, che quando pensavi di non avere rivali spuntava fuori uno della milizia forestale, piccoletto e tozzo, che ti dava due minuti e si portava via la coppa di falso argento. Ma in quelle gare povere c'erano premi poveri per tutti fino al trentesimo, fino al quarantesimo, un paio di bastoncini o una bottiglia di vermouth per tutti. Più in su l'Abruzzo e la Maiella, Campo Imperatore, Roccaraso e l'altopiano delle cinque miglia, dove ho visto la pista di fondo più rettilinea che sia mai esistita, più rettilinea di quelle della Vasaloppet che traversano la Svezia, un binario senza fine fra monti pallidi e cieli azzurri. Più su c'erano Roma e il Terminillo. Eravamo davvero fissati. A Roma andammo ad allenarci, a San Pietro di corsa, su per le scale del cupolone. E al Terminillo fu una delle volte che raggiungemmo i battitori, sotto una grande nevicata, in quella strana montagna tutta gobbe e boschetti che sprofondava su Terni e sul misterioso Lago della Duchessa, dove hanno cercato il cadavere di Aldo Moro.

Più in su c'era Corno alle Scale, dove si è formato Alberto Tomba, vicino all'Abetone, e anche lì andammo. Più in su ancora c'erano Cuneo e i suoi giri, che per me hanno rappresentato il massimo dello sci agonistico, perché partivano e arrivavano nel cuore della città, da piazza Vittorio o dal piazzale della stazione e mentre tu arrivavi alla partenza a piedi, gli sci nelle mani per non guastare la sciolina, incontravi quelli che a Cuneo ti conoscevano, cioè tutti, e ti dicevano una buona parola e poi perché la pista passava nei posti per cui passavi ogni giorno, la piazza, i portici, la discesa alla piscina, il greto del Gesso o della Stura, la casa dei Verra, al rondò del viadotto Stura, la nuova casa dei nonni e i compagni di scuola e anche il preside Bonelli. E all'arrivo c'era anche zio Mario ad abbracciarmi. Intorno c'erano tutti i semidei degli sci veloci, il gigante Cristiano Rodighiero dagli occhi azzurri, e Rizieri Rodighiero, piccoletto e tarchiato, e uno dei Perenni di Dobbiaco, che erano i Prenn altoatesini, e il Giordano di Limone, che arrivando gridava: "L'à ciapame la fam", la fame, vera o falsa dei fondisti e quelli della scuola alpina di Aosta, i Pession, i Gaspard. Quello sci in città era così avvincente che io fantasticavo di una Cuneo-Torino, dall'altipiano di Cuneo al Lingotto: ottanta chilometri diritti. Ma la competizione più importante, un po' da ridere ma anche molto seria, era il Rostro d'oro, la gara fra i Guf d'Italia a chi si impegnava di più nella montagna, e soprattutto a chi vinceva la competizione del Pasubio: millecento metri di dislivello, su per le cinquantasei gallerie che da Recoaro portano in cima al monte "sacro" della patria, perché c'è morto un popolo di alpini.

In Valle Gesso, come in tutte le nostre valli, non c'erano castelli e palazzi, ma fortezze, strade acciottolate, curve a riparo del vento. E allora trovare in quella provincia dura e disadorna, nel punto più alto e stretto della valle, un palazzone come in piazza Castello a Torino, la reggia alpina di Vittorio Emanuele, poi diventata albergo termale, era come un miraggio. Dai tremila metri del Monte Matto la vedevi sotto di te anche da lassù imponente. E vedere l'acqua delle sorgenti solforose venire giù fumante da gradinate coperte di muffa ci faceva sembrare in un luogo miracoloso. Nel Grand Hotel erano ospiti i ricchi, i poveri, quelli della mutua in una dependance, noi venuti per allenarci in uno stanzone. Di giorno correvamo al rifugio Morelli e poi sulle pietraie dell'Argentera e giù dalla cresta sottile del Col di Nasta, con garretti di ferro che indovinavano i varchi fra le rocce, piombavano fra le pietre o nei campi fangosi dei Gias, terre nere di merde di vacca. Mille metri in alto e altrettanti in basso in tre ore, un giro che da gitanti si fa in tre giorni. Avevamo imparato la corsa alpina, che esalta le capacità umane a incredibili record, come salire e scendere dalla cima del Bianco in un giorno. Ma la sera mettevamo la camicia pulita, andavamo nella sala da pranzo a sentire il profumo di buono delle belle donne, dei buoni cibi, dei buoni vini, e dopo la cena nel salone da ballo dove ci lanciava saluti forti Cavallo detto Broc, figlio di un mezzadro della Bombonina che, travolto dalla passione per il Duce, era andato volontario in Spagna, contro i rossi. Adesso era in cura per i postumi di una ferita alla gamba, ma ballava anche lui con una gamba sola per comunicarci il suo ottimismo. Il dottor Brusone, gestore del Grand Hotel, aveva un'amante bionda e morbida, di quelle allevate a riso nelle pianure del vercellese. Lei lasciava che ci mettessimo a letto nello stanzone e poi veniva a darci la buonanotte. Una sera sentii che aveva scelto uno di noi. Nando, di Borgo San Dalmazzo, che si infilava i pantaloni e scivolava via verso il grande letto, i lini, le tette della signora bianca e morbida.

Una sera, mentre ballavo con la signora Brusone, moglie del figlio del gestore, la luce si spense. Stringerla? Baciarla? Era una bella donna di seno forte, con un intrigante accento mandrogno, un po' sul genovese. La luce ritornò e vedevo nei suoi occhi un'espressione intrigante, forse d'ironia, forse di disappunto. Comunque andammo a Recoaro, un paesino tetro, e all'alba ci svegliammo per la gara nel gelo. Le squadre erano una quarantina, il paese ne era invaso, il via fu una liberazione. Nelle gallerie più ripide il respiro mancava, ma appena sbucati al sole, Picco, il nostro capofila gridava: "Souplesse". Allora correvamo a muscoli sciolti. Quando dopo la cinquantaseiesima galleria sbucammo sul pianoro che conduceva alla vetta, lo vedemmo gremito di spettatori. Millecento metri di dislivello in un'ora. Non ci credo ancora adesso.

Poi l'avventura degli sci veloci ci condusse oltre frontiera, a Zermatt, a Davos. A Zermatt venne a trovarci il generalissimo Guizan capo dell'esercito dei volontari, che la sera andavano a dormire a casa e il mattino dopo si ripresentavano ai reparti, e che avevano fortificazioni in caverna ai quattro lati del paese.

Il discesista Babini, che guidava il nostro gruppo, non sapendo che fare, quando entrò nella sala Guizan ci ordinò il saluto romano; così restammo con il braccio teso mentre il simpatico signore elvetico sorrideva come un buon padre di famiglia.

A Davos invece mi toccò la sera con un lord di cui non ricordo il nome, che aveva un tavolo accanto al nostro; stava fra due belle donne, la sua amante e sua sorella, e avendo il problema di trovare compagnia alla sorella incominciò a sorridere, a salutare, a invitarci al suo tavolo dove già ardevano le fiamme delle crêpes al cognac. Quando la cena fu terminata e io arrivai fino alla porta della sorella, il lord arrivò silenzioso, posò un piede davanti a me e signorilmente disse: "No George". Rimandiamola intatta a Birmingham.

Partimmo alle otto con il nostro pulmino e alle undici eravamo a Piona, sul lago di Como. "Facciamo un bagno," propose Picco. Era una giornata radiosa. Nel resto d'Europa il grande massacro era già cominciato.

L'Occitania

Uno della langue d'oc

Per metà della mia vita ho ignorato di essere un occitano, uno della *langue d'oc*, del reame senza confini dal Basso Piemonte ai Pirenei. L'ho ignorato perché lo ero. Mi era impossibile richiamarmi a quell'origine perché non ne ero mai uscito, perché la sua cultura materna, nativa, è qualcosa che sembra non ci sia, qualcosa di cui si parla, si pensa, si ricorda: ancestrale. Nella mia città tutti, anche io, parlavamo nel dialetto-lingua piemontese, solo nelle valli si parlava l'occitano. Ma io senza conoscerlo lo capivo, se mi capitava di leggere una storia occitana la capivo, per dire una marcia notturna in montagna dei malgari: "Ti tsei perdu per li nt la nebia e l'eva el son del cioche e del can l'eva le vache che t'an estrà. Le vache se perdun nen". Le vacche non si perdono quando in montagna arriva l'*ubac*, che è poi l'ubago di cui scrive il ligure Calvino, del mare al tramonto, l'ombra che avvolge uomini e bestie. Non sapevo di essere occitano ma non mi stupiva che alle Barricate, sopra Pietraporzio in Valle Stura, ci fosse sulla parete del canyon un terrazzino con erba, fiori e un melo che tutti chiamavano "il giardino della regina Giovanna", la *reina* provenzale.

Neppure da partigiano l'avevo capito, e sì che eravamo in Val Grana, ai Damiani, vicinissimo a un luogo sacro della cultura occitana, il Comboscuro. Non ho potuto per molti anni ricordarmi di essere un occitano perché lo ero, perché nelle memorie del sangue avevo la voglia occitana del viaggio a piedi per le montagne, da Blins a Barcelonnette, dal Marguareis alla Orsiera, per passare la *bercha*, il crinale delle valli, i valichi, per andare dove ci sono quelli come te, pastori, pittori di piloni, gente che sa ammazzare il maiale, costruire una casa, arrotini, fabbricanti di parrucche, venditori di sardine e del sale prodotto negli stagni della Camargue e portato ai magazzini di Revello, in Valle Po, passando per la galleria aperta dal marchese di Saluzzo a tremila metri nel Monviso: il Pertus del Visu. Gli occitani che sanno e non sanno di esserlo, che abbiamo riscoperto nei giorni dell'Olimpiade, il pittore Cézanne che era di Cesana, dove si sono svolte le gare di fondo, l'attore Belmondo di Pietraporzio, stesso nome e stesso paese della sciatrice Belmondo. E non dimentichiamo l'attore Fernand Contadin, l'attore Fernandel, della Val Chisone.

La nostra storia è rimasta nelle case occitane con balconi, bifore, travi del tetto posate in piano sui piloni e quelle dei burgundi, piantate come una prua nel terreno, ai Bagni di Vinadio, a San Bernolfo cinque chilometri più su.

Un popolo di camminatori e di inventori, gli occitani: quelli che di padre in figlio si trasmettono l'arte di tagliare le scandole di larice, i fabbri, gli stagnini, i macellai e anche quelli che hanno da vendere solo la loro mostruosità, come il gigante Ugo di Sambuco, che girava per i baracconi di Parigi per mostrare le sue scarpe lunghe quasi mezzo metro.

Durante le Olimpiadi invernali del 2006 abbiamo scoperto che i boschi dell'Occitania erano stati rispettati dai carbonai e dai minatori, migliaia di ettari di bosco nelle valli del cuneese, di cembri attorno al Monviso e di larici a Salbertrand e Ulzio in Val di Susa e che nei boschi si erano salvati anche gli animali, le volpi, i lupi, le linci, i cervi, le aquile, i falchi e nelle memorie valligiane anche gli animali delle favole che vedi nei capitelli delle chiese romaniche; volpi con due teste, lucertoloni con la cresta fiammeggiante con i loro nomi strani: i Ravasa, i Leberon, i Loprovat, i Locul, i Maga, i Mohecola, pacifici e rapaci, bellissimi e orrendi.

La specie umana non è diversa da quella degli animali.

Anch'essa ha i suoi tipi strani con due teste e tre gambe, solo che li nasconde.

Ha paura anche delle "fantine", quegli esseri morbidi e pelosi che a volte prendevano un bambino e lo portavano nel loro nido. Erano, tuttavia, affettuose e gentili e hanno insegnato alle montanare a tessere e a cucire.

Virgilio parla di un cinghiale del Monviso fortissimo, e tutti nella Valle Germanasca ricordano Antoine Rochefort e il suo cervo dalla testa fiorita. Andò che Antoine si trovava nel bosco, poco lontano da casa sua; all'improvviso gli si para contro, fremente e scalpitante, il grande cervo. Lui afferra il fucile e la borsa delle munizioni e caccia un urlo di rabbia. Ha dimenticato i pallettoni di ferro. Si guarda attorno, sul terreno ci sono solo delle nocciole. Le raccoglie e spara quelle. Il cervo è colpito in fronte ma fugge. Lo vedranno negli anni venturi: fra le corna è nato un ramo di nocciolo.

Il bosco dei cembri in occitano si chiama *alevee*, l'occitano è una lingua piena di parole dolci. Anche il monte dolomitico di Elva in occitano si chiama dolcemente Pelvo. Ci sono pascoli morbidi nell'Occitania piemontese, nelle Marittime, le Alpi dove l'aria è profumata di sale e capita di vedere laggiù il mare. Ma ci sono altre due cose delle valli piemontesi che non si possono ignorare. Sono le valli della libertà, le valli del valore militare.

I valdesi

Le guerre di religione ci stanno nella memoria, in un groviglio di pietà e di ferocia. Abbiamo fatto delle crociate sanguinose contro i protestanti albigesi e valdesi. Ma nella memoria l'odio si è mescolato alla stima, all'ammirazione. Le bande di ugonotti di Francesco Garino sono scese nelle nostre vallate, sono arrivate a Dronero, a Vignolo, hanno impiccato il parroco alla campana. Ma c'è stato anche il barone Leutrum, "el barun Litrun" cui abbiamo affidato la difesa di Cuneo assediata dai franco-ispanici e nella guerra partigiana abbiamo letto le *Istruzioni militari* scritte da Josué Janavel, che guidò per tre anni la guerriglia contro Amedeo II di Savoia. I suoi uomini erano chiamati "gli invincibili". Guerre di religioni per secoli, senza respiro. Nemici o amici i valdesi? Eretici o più cristiani di noi? Li abbiamo combattuti ma anche accolti al rientro nelle valli da cui erano stati espulsi, il "grande ritorno" dalla Svizzera alla Val Pellice.

C'è una stele in località Sibaud per ricordare il giuramento dei reduci di non lasciare più la loro piccola patria. Erano dei buoni partigiani, i valdesi, ai tempi del "grande ritorno" come lo erano negli anni della Resistenza.

Erano partigiani valdesi della Val Chisone quelli che ho conosciuto nell'estate del 1944. Non fanno parte delle formazioni politiche, si dichiarano autonomi. Li comanda Marcellin detto Bluter. È un sergente degli alpini, ha con sé mille valligiani, l'armamento è imponente, unico nella resistenza italiana, dieci pezzi di artiglieria da montagna, mortai da 81. Marcellin ha scritto nel suo diario: "Il laccio si stringe attorno a noi. È chiaro che il nemico prepara un piano di annientamento. È necessario pensare a resistere uno contro dieci. Non c'è altra via: sciogliersi è impossibile. Dove riparerebbero mille uomini? Siamo tutti concordi nel resistere".

E c'è la risposta di Marcellin al generale delle ss che gli chiedeva di arrendersi: "Nos montagnes sont à nous".

Una parte degli uomini di Marcellin alla fine della battaglia della Val Troncea ripararono da noi in Val Varaita, dopo essere passati come nelle guerre di religione per i boschi di cembri del Monviso. Presero pane e farina, ringraziarono e il giorno dopo erano già in marcia per la Val Chisone. Mi è rimasta una loro fotografia; sono seduti su un prato, hanno con sé le loro armi, sotto il cappello alpino le loro facce sembrano uguali, larghe con i nasi forti come una mandria a riposo. L'altro giorno sui giornali c'era la notizia che un loro nipote, un maestro di sci, è stato arrestato dai carabinieri per traffico di droga.

Marcellin lo avrebbe fucilato.

Il grande fiume

La grande strada lucente

Alla sorgente il Po è di acqua lenta, come una lamina grigioverde che esce da sotto un grande masso su cui sta la lapide essenziale del comune di Crissolo: "Comune di Crissolo. Qui nasce il Po". Sono le dieci del mattino di un giorno feriale ma su al Pian del re ci sono già centinaia di automobili. Alpinisti con corde, piccozze e sacchi enormi, turisti che vagano per la piana come ubriachi di sole e di altitudine. C'ero già stato da ragazzo senza capire che questo è forse il posto più bello delle Alpi, più bello del Bianco e del Cervino, più piemontese. La parete nord del Viso ti ferma il respiro, si alza a perpendicolo per milleottocento metri, va su nel cielo a strapiombo, il canalino Coolidge come una vena bianca nella piramide di roccia e di ghiaccio sopra le nostre teste. La valle alpina del Po è corta, senza tortuosità, in pochi chilometri si è sotto il gigante, dai prati di verde tenero, dai villaggi all'immensa parete gelata. Fa molto freddo dove esce il Po, acqua pulita dalla torbiera per cui sono filtrati i ruscelli dei laghi di Fiorenza e di Chiaretto, tra cui passano le mulattiere che salgono al Pertus del Visu, la galleria sotto il Colle di Traversette. Ci passavano i portatori di sale, i "fittoni", stessa robusta umanità dei "marroni" del Moncenisio o dell'Iseran, i portatori di merci per i signori. Va' piccolo fiume spumeggiante! Il primo affluente viene giù dalla parete, il primo dei seimila corsi d'acqua piemontesi cui è stato dato un nome, o delle migliaia di rogge, fontanili, bealere, acque di falda e di sottosuolo di poca portata estiva, ma di piene autunnali furibonde. Le raccoglierà tutte, salvo quelle che scendono al Tirreno, tutte quelle della sua valle, fino all'Adige e al Reno. Vai giovane fiume, esci dal sottostante Pian della regina, oltre i detriti di falda, oltre le rocce serpentine color grigio azzurro, scompari nel primo bosco di abeti per ricomparire già torrente forte a Crissolo. La valle ora è una porta verde aperta sulla pianura. Da essa non si vedono ancora "le più ricche pianure del mondo", come si legge nelle cronache dei vincitori, come non le videro il re Cozio, Annibale, Napoleone e i re Carlo Francesco e Luigi di Francia, o il maresciallo de Brissac e il suo aiutante il barone di Montaigne, calati alla conquista dell'Italia. Ma essi e i loro soldati già nei verdi pascoli alpini dovettero sentire che stavano planando sulla pianura.

La via del sale scendeva da Crissolo, Paesana Sanfront, fino a Revello dove c'erano i magazzini e la dogana. Qui ho lasciato il fiume per entrare in paese e arrivare alla cappella marchionale e al palazzo dove l'ultimo dei Saluzzo, Gabriel, scrisse il suo ultimo messaggio ai sudditi delle Langhe: "Non mancherete il primo di zobio dopo Pascha mandar qua da noi uno o doy a ciò eletti per ogni communità per audire quel che li volemo. Avete cara la nostra grazia. Dio vi conservi". Ma ormai l'esercito dei Savoia era alle porte.

E il giovane fiume, che fa dopo Revello? Incontra i primi guai seri, i valligiani gli hanno mangiato la maggior parte della fascia di pertinenza, cioè i terreni da lasciar liberi al corso volubile del fiume. Dovrebbero occupare tutta la valle che invece è quasi tutta abitata ed edificata. Ma la coscienza del rischio è quasi scomparsa presso i contemporanei, forse siamo ancora nella scia della grande illusione progressista che a cavallo del secolo produsse gli ingegneri-filosofi, che erano convinti di poter domare la natura e si misero a imprigionare anche i grandi fiumi, i quali ogni tanto, come è accaduto di recente con il Danubio, rompono le camicie di forza che gli hanno messo e allagano mezza Europa.

Evitiamo Saluzzo e a Staffarda siamo finalmente in pianura, alla prima delle quaranta abbazie che provvidero lungo il fiume alle bonifiche e agli argini, affiancate dalle case forti dei feudatari. Si passano le affluenze del Maira, del Varaita e del Pellice che sono i punti più belli e rischiosi. Vi si formano delle isolette su cui cresce una fitta vegetazione, è qui che le piene strappano via alberi e rami che andranno a far diga contro i ponti. Dopo aver ricevuto il Pellice, il Po corre rettilineo fra le due pareti grigioverde di ontani, querce e salici, che con i loro rami lambiscono l'acqua.

È una grande strada liscia, lucente, che in fondo è chiusa dalla piramide del Viso, a guardia del suo fiume, il grande totem del Piemonte a cui generazioni di contadini si sono rivolti nelle albe azzurrine e nei tramonti infuocati, andando e tornando dal lavoro.

Fuori dagli abitati il paesaggio pare immutato nei secoli; una piantagione di pioppi o di frumento sembra valere quelle del passato, ma non è così. Il cambiamento è stato fortissimo, l'agricoltura moderna è molto diversa ed è nemica del fiume. Perché la campagna di oggi livellata, unificata, per cui le macchine agricole devono andare per i filari dei frutteti e dei pioppeti, ha cancellato il rito tortuoso dei fossi e delle rogge, oltre che delle chiaviche che regolavano le acque piovasche e si opponevano ai diluvi. Ora tutto quello che viene giù dal cielo scivola come su un piano inclinato, si precipita nel fiume, lo riempie di rifiuti solidi. Qui di rado il fiume esce dagli argini, ma lui e gli altri, ingrossandosi rapidamente, preparano le inondazioni del corso medio e basso di cui parleremo ricordando il Polesine.

Fra Casalgrasso e Moncalieri c'è il "materasso alluvionale", il più pregiato d'Europa, ghiaie e sabbie depositatesi per millenni, per una profondità di duecento metri. Ogni tanto, dove il bosco fluviale si interrompe, sembra di essere sul Canale di Suez, dove passa fra dune sabbiose. Ma uniche sono le colline delle cave per cui si muovono come insetti mostruosi i grandi camion. Ricordano la confusione e il fervore dantesco dell'"arzanà de' viniziani"; gru alte cinquanta metri, scavatrici mostruose, baracche, le pozze d'acqua delle cave, voragini profonde duecento metri, a centinaia in un territorio che dall'alto sembra una gruviera. Incombente il rischio che le acque del fiume sfondino le paratie di terra e si uniscano a quelle delle cave in un caos ideologico. Torino è lì a pochi chilometri, ma non ci si pensa, le acque inquinatissime delle cave potrebbero penetrare nella falda acquifera che disseta la città. Ma Torino ha voltato le spalle al Po: ne usa ancora l'acqua per un quarto dei suoi bisogni, ma il fiume non è più di pesca e di lavoro, di mulini e di officine, di battelli e di transito. Resta però bellissimo, protetto dalla collina come lo vide Jean-Jacques Rousseau: "Si alza per un quarto di miglia sulla riva del Po una montagna che per acque, fiori e frutti merita di essere chiamata aurea. Era d'estate. Il Po scorreva sotto di me, ne vedevo il lungo corso, le fertili rive. Lì si sarebbe detto che la natura dispiegasse sotto i nostri occhi tutta la sua magnificenza". Oggi la collina di Torino è stata urbanizzata, la borghesia ricca vi ha costruito le sue ville, ma distruggendo la rete dei fossi, dei canaletti, dei ripari che contenevano le acque piovane, che vanno giù in discesa libera. Il Po di Torino ha cessato di essere un fiume decisivo per la guerra come per il commercio da quando gli ingegneri ferroviari hanno cominciato nel Novecento a lanciare sul fiume i loro ponti di ferro. Prima il ponte di pietra di Napoleone era l'unico stabile fino al delta.

"Spero di morire prima di veder morto il Po" si legge in uno degli ultimi scritti di Riccardo Bacchelli. Vent'anni fa il Po era ancora un Nilo, invadeva secondo le stagioni le terre di golena e le fecondava, dico le terre comprese fra gli argini di maestra, alti e possenti, e gli argini di ripa. Oggi, dopo un'esondazione, restano sui terreni chiazze d'olio, macchie calcinate di residui chimici. Non molto tempo fa i pescatori si facevano la minestra con l'acqua del fiume, prendendola con la loro tazza di legno. Ora non si fidano più di entrarci a gambe nude, si proteggono con stivaloni e tute. Nella cultura dello sviluppo, continuo e insaziabile, ci si è mossi verso l'ambiente come se fosse da dominare, da schiacciare. Non si è più distinto fra convivenza accettabile e distruttiva, fra rischi accettabili e mortali. Un giorno del 1951 il grande fiume violentato, avvelenato, dimenticato, si è ribellato, ha invaso con le sue acque l'intero Polesine. È una storia che va raccontata.

Il fiume nero

Il Po ha rotto dalle parti di Ferrara, a Occhiobello. È la sera del 14 novembre 1951. "Parti subito," mi dice il capocronista della "Gazzetta del popolo" di Torino. In cronaca siamo giornalisti di trincea, di pronto intervento come i pompieri della vicina caserma di corso Valdocco che dormono vestiti e scendono all'allarme scivolando sulle pertiche piantate nel loro dormitorio. Non è proprio così ma quasi. Il tempo di passare a casa a prendere qualche ricambio e via nella notte con la mia auto, perché quelle del giornale non ci sono mai. Tutte fuori per il direttore e i caporedattori. La mia auto è una Topolino rossa, cinquecento di cilindrata. Due posti, ma va sul ghiaccio e nel fango e non si rompe mai. Dove si va? Per cominciare a Ferrara e al Po. La strada per arrivare sul posto dove c'è da vedere e da scrivere la troviamo sempre. La via Emilia nella notte è una fila di camion, ma la conosciamo a memoria. Gli autogrill, i panini che sanno di stoppa e le birre calde, ma l'importante è andare. Ma dove? A Occhiobello. Da qualche parte questo Occhiobello dovrà pur esserci, ci sono sempre i paesi che cerchiamo e infatti c'è, e ci sono le rotte degli argini. C'è il grande, gonfio, incontenibile fiume nero che va giù ruggendo nel vuoto della Bassa padana. Una voragine a Vallice di Paviole, altre due a Bosco e a Malcantone, il Po è pieno di nomi di malaugurio. I nomi della povertà e delle disgrazie che lo seguono come la sua ombra. Il cronista ha imparato una cosa dal suo lavoro: tutte le vaghe notizie di disgrazie che gli giungono via radio o a voce nelle notti buie non spariscono. Le trovi al loro posto, dove le ha messe la storia, la vita. In più il cronista sa un'altra cosa: che non è solo, che a quell'ora nel buio pesto, sulle loro auto, stanno correndo nella notte quelli della sua pasta, il gruppo mobile che arriva di corsa sulle sciagure e sulle feste di un paese che è tornato a pensarsi normale dopo le guerre, le ribellioni del Sud, le cacce al bandito Giuliano e l'ultima fucilazione degli assassini di Villarboit che hanno ucciso dieci persone con una mazza per buttarle in una fossa.

Ci siamo tutti nella notte del 14 novembre del 1951 noi della cronaca, e probabilmente davanti a tutti c'è Toscano, il fotografo del "Corriere della Sera", robusto come un toro ha quarant'anni, ma a noi ventenni sembra un vecchio.

Ogni cosa, ogni persona al suo posto nel caos della vita per chi la cerca, per chi vuole conoscerla. È al suo posto Nerio Campioni, il sindaco comunista di Occhiobello. "Pensavano che esagerassi," racconta, "ma noi il Po lo conoscevamo, andavamo sull'argine a controllarlo e alle due del pomeriggio comincia a tracimare in diversi punti. Corro dall'ingegner Corazza del genio civile per dargli l'allarme, ma lui si mette a urlare: 'Lei non si azzardi perché crea panico. Se insiste la faccio arrestare'. Sono tornato in comune, mi sono messo la fascia tricolore e mi sono detto: adesso comando io. Vado dal parroco e gli dico di suonare le campane a martello, al direttore della Cassa di risparmio di suonare la sirena come durante gli allarmi aerei. Poco dopo sono arrivati da Modena i primi sciacalli per comprare sottocosto case e animali."

Nella prima giornata dell'alluvione, i morti a Occhiobello sono ottantotto nelle case di golena. Non dovrebbero esserci abitazioni nelle golene, fra due argini, ma nessuno del Polesine in miseria degli anni cinquanta può dire di no alla povera gente che vive di polenta e di cicoria. In una stanza della casa più vicina al fiume si erano rifugiati in diciotto, stretti alle pareti per sentirsi più sicuri.

L'onda di piena si porta via metà casa con sette persone, compreso un bambino di cinque anni che non è stato più ritrovato.

I cronisti si ritrovano nello stesso albergo, lavorano e vivono in compagnia, dove va uno gli altri lo seguono. Si parte all'alba per Ferrara, per arrivare al Po, all'immenso lago che ha formato sotto Occhiobello, fino al mare. I primi giorni il lago è torbido, vi galleggiano carogne di animali, c'è gente arrampicata sugli alberi, sopra i tetti, ed è percorso da correnti che creano gorghi. Poi quelli sugli alberi vengono salvati o muoiono, le acque si chetano, il lago prende un colore azzurro grigio, voli di uccelli passano nel suo silenzio, nell'incanto di un paesaggio terso e immobile, fino alle Alpi dolomitiche e carniche già imbiancate di neve. Il lago copre due terzi della provincia di Rovigo, centomila ettari coltivati, ed è profondo in media due metri, ma fra Cavarzere e Loreo anche sette. Chi conosce i numeri dice che sono otto miliardi di metri cubi d'acqua, nelle prime ore seimila metri cubi al secondo. La portata del fiume è salita a dodicimila metri cubi al secondo di fronte agli ottomila della piena del 1917 che sembrò la peggiore. Le strade che da Ferrara portano al Po a un certo punto vi scompaiono. Non resta che avventurarsi sull'argine dove gli sfollati bivaccano per cercare un posto sugli anfibi dei pompieri o su una barca del genio civile. Vogliono tornare a vedere ciò che resta delle loro case e dei loro paesi. L'Italia povera del 1951 si è mobilitata, sono arrivati da ogni parte, anche dalle isole, dalla Sicilia e dalla Sardegna, che già non sanno come provvedere ai loro bisogni, alle loro disgrazie, ma si danno da fare, lavorano a rinforzare gli argini, dormono sui loro camion, aiutano, rincuorano. Navighiamo a vista per il grande lago, spesso a vista di campanili perché i borghi quasi coperti dalle acque non si vedono. Dopo due o tre giorni ci sono ancora quelli che si sono salvati sugli alberi, fra i rami come uccelli sperduti, paralizzati dal freddo, affamati, da tirar giù a forza, da avvolgere in una coperta. Chi è quello che si agita sul tetto di un camion, nell'aia di quella che era l'azienda Folega?

L'unico sopravvissuto dei sei o sette che avevano tentato di salire sul camion. Andiamo a prenderlo. Non riesce a parlare, suo figlio Aldo di otto anni è stato l'ultimo a scomparire nell'acqua. Navighiamo a raccogliere naufraghi mezzi morti che raccontano le loro storie: "All'allarme abbiamo portato alcuni mobili al primo piano, anche il maiale. Poi siamo saliti al solaio e poi sul tetto. Mangiavamo grano pestato con una pietra e impastato con l'acqua. Quella non mancava".

E viene anche il giorno glorioso di rompere l'isolamento di Adria. In città si sono trentacinquemila persone. Il sindaco è il socialista Sante Tugnolo, lo aiuta la senatrice Lina Merlin, quella che farà abolire i bordelli, i casini. Ma al tempo dell'inondazione, quello di Adria c'è ancora. Le signorine sono tutte sul balcone a salutare i soccorritori. Sventolano una grande bandiera tricolore, chissà dove l'hanno trovata, forse è lì dalla Grande guerra. "È stata una tragedia in bianco e nero," ricorderà il sindaco: non c'era la televisione, le notizie arrivavano via radio e sui giornali portati da pompieri. Su quei giornali noi cronisti scrivevamo ciò che vedevamo, le grandi firme, che non si muovevano da Ferrara, inventavano articoli dal titolo *Acqua traditora*. Centosessantamila persone abbandonarono le province allagate e si associarono ai "Polesani nel mondo", l'associazione degli emigrati.

Una buona parte finì in Val d'Aosta, dove c'erano posti nelle miniere di Cogne e di Morgex. Molti furono rovinati dalla polvere di carbone finita nei polmoni. Fino a pochi anni fa li riconoscevi dalla voce roca, dal soffio del respiro. Erano dei poveri più poveri dei valdostani, che li chiamavano i "giapuneis" per dire stranieri che non conoscevano il patois. Oggi i loro figli e nipoti vanno in auto e alle feste dove si gioca con i piattelli di ferro, perché le bocce rotonde si perderebbero per i ripidi pendii. E così i pezzi di legno per il cricket locale, che mi pare si chiami "tsan".

A tutto è stato posto il riparo della rassegnazione. Ai cinquantadue ponti caduti, alle milleduecento case distrutte, ai tredicimila capi di bestiame annegati, ai cinquantacinquemila ettari coperti dalla sabbia salmastra che le maree facevano salire dall'Adriatico. E i cronisti? A loro il lavoro non è certo mancato nell'Italia dello sfascio incombente e delle continue sciagure.

L'Italia a misura d'uomo

Pozzo, Meazza e Piola

L'estate rovente dei mondiali di calcio arriva per ogni generazione di italiani, riempie le piazze di bandiere e di follia, di occhi dilatati e di urla, di democrazia totale, capi dello stato e poveracci con il cappello di carta dei muratori, ambulanti, mendicanti. Tutti insieme, travolti da quell'irresistibile rialzo del tono della vita delle notti "magiche", dei cortei cittadini, nel rimbombo dei clacson. La marea dei simpatizzanti e le minoranze maniacali degli antipatizzanti, i gruppetti che tifano contro.

Ai miei tempi gli amici di Cancogni e di Fusco, gli anarchici della Versilia, oggi quelli della Lega riuniti nei dopolavoro di Lecco o di Garbagnate a tifare Germania federale contro gli azzurri. Qualcosa comunque da non prendere sul serio perché la nazionale di calcio è davvero nazionale, è la nostra storia, la nostra potenza. Quattro volte campione del mondo, sei volte finalista dei campionati mondiali, o candidata alla vittoria o impegnata nelle ricostruzioni dopo le batoste. Ci fu un commissario tecnico, il romano Bernardini che, per rimetterla in piedi, convocò un centinaio di giocatori, come i consoli che battevano il piede nelle terre del Bruzio o del Piceno e facevano rinascere gli eserciti.

Il mio rapporto magico e isterico, indissolubile e irragionevole, meraviglioso con la nazionale di calcio dura dai tempi in cui si recitava come un rosario la formazione sacra: Combi Rosetta Caligaris, una litania dei santi, Pietro, Paolo, Giovanni. Ed è passato attraverso tutti gli eroi delle rivincite, i Meazza e i Piola degli anni trenta. Il Baggio divin codino, il Riva rombo di tuono, gli abatini Rivera e Mazzola su fino all'apoteosi del 1982, con il più italiano degli azzurri, il Paolo Rossi che inchioda gli avversari con i suoi gol fulminei come stilettate e alla vittoria inattesa del 2006.

Ma la nazionale di calcio della mia vita è stata quella bicampione del mondo degli anni trenta, una combinazione di potenza e di povertà, di mondialismo e di provincialismo, di orgoglio e di modestia. Se ripenso ai raduni di quella nazionale nella mia città, a Cuneo, faccio fatica a credere in tanta modestia. La imponeva Vittorio Pozzo, un tipo di alpino e salesiano arrivato chissà come alla guida degli azzurri senza essere né un allenatore di professione né un burocrate dello sport, ma semplicemente un piemontese risorgimentale ciecamente convinto delle virtù piemontesi. Uno di quelli per cui la parola sacra è "el travail". Già allora i campioni del calcio avevano degli stipendi altissimi rispetto a quelli normali e lussi e piaceri da ricchi. Ma Pozzo li considerava dei soldati e li trattava come degli operai.

L'albergo che aveva scelto per loro era di quelli che oggi sono a una o due stelle: senza garage, senza ascensore, senza sala per i convegni, con i lettini che cigolano nelle stanze a due letti, ed era lui a decidere chi doveva dividerle con chi. Era un alberghetto nuovo dalle parti della stazione nuova, quella con il faro, un tubo di cemento alto una cinquantina di metri che faceva pensare ai lampioni della aneddotica cuneese accesi di giorno per le visite del re, lo stesso che se chiedeva una pianta della città gli mostravano un pino. E penso che avesse ordinato ai giocatori di arrivare a Cuneo in ferrovia perché davanti all'albergo non si vedevano le auto di lusso che già allora piacevano ai campioni.

L'albergo aveva un piccolo dehors cintato da siepi di mirto attorno a cui stavano i tifosi e i curiosi ma senza disturbare, secondo le raccomandazioni che Vittorio Pozzo aveva impartito. Il commissario unico era un ufficiale degli alpini e un fascista di regime. Vale a dire uno che apprezzava i treni in orario ma non sopportava gli squadrismi, che rendeva omaggio al monumento degli alpini ma non ai sacrari fascisti.

Ricordo il mattino che stavo in piazza Vittorio e d'improvviso dai portici dove passa la tramvia per Borgo San Dalmazzo e la Valle Stura esce in formazione di ordine chiuso il plotone degli azzurri, tutti nell'uniforme blu con cravatta reggimentale. In testa Pozzo seguito da Meazza e Piola con la corona di fiori. Nella grande piazza rettangolare il plotone prende la diagonale che porta all'uscita del ristorante Tre Citroni e del Caffè Alfieri.

Inquadrati e al passo verso il monumento all'alpino che sta nei giardini pubblici, il micromonumento con l'alpino ignoto di piccola statura che sta in tutti i giardini pubblici delle città piemontesi, per non parlare di quelle liguri e toscane che sono anche più avare nelle misure. La posa della corona, tutti sugli attenti e dietrofront si torna al campo sportivo Monviso per le due ore di ginnastica del mattino. La partitella di allenamento, dato il caldo, si svolgeva nel tardo pomeriggio ma noi ragazzi eravamo già davanti l'albergo da ore, ciascuno con il suo campione prenotato per portargli la valigetta con mutandine e scarpe bullonate. E sembrava naturale, molto piemontese, molto alpino che gli azzurri non avessero un pulmino per fare il chilometro fra l'albergo e il campo sportivo, e che non ci fosse un servizio di lavanderia negli spogliatoi e che ognuno badasse a se stesso facendo portare la valigetta dai tifosi. Ma quella modestia era naturale in una città dove il legno era ancora dominante, di legno i banchi del mercato e delle scuole su cui generazioni di alunni avevano scavato canyon meravigliosi con i colori della valle di Giosafat e del Mar Morto, blu scuro, argentei, violacei.

I pennini rotti e piantati per ricavarne musiche meravigliose che invano i professori cercavano di far tacere. Se ci penso ho una misura della mia lunghissima vita: sono uno che ha fatto in tempo ad andare in vacanza in montagna su una diligenza a cavalli affittata con il vetturino dal carrettiere Cuniberti, di origine burgunda immagino. Notti magiche, ma anche giorni di dissociazioni di massa, di irrazionalità dominanti, di pulsioni folli, di ipocrisie gigantesche. Nello stesso giorno milioni di concittadini seguono in crescente delirio la vittoria degli azzurri sulla Germania. Nell'occasione da entrambe le parti si è ricorsi alle inimicizie e alle accuse più infantili e banali: ipocriti, mangiatori di pizze, ubriaconi di birra, mandolinisti. Come se il ritorno alle faziosità infantili delle masse sportive preferisse alla ferocia reale e recente della storia le risse da fiera e da baraccone.

Popoli come il tedesco e l'italiano che si sono scannati nei venti mesi dell'occupazione nazista, della Resistenza, del collaborazionismo divisi dal calcio non trovano di meglio che accapigliarsi sul folclore, sui luoghi comuni, sui cibi e bevande. E sullo sfondo una fuga dalla realtà, un ricorso a giustizialismi assurdi, una caccia alle streghe, una comparsa di stregoni ed esorcisti: quelli che scoprono l'inferno del calcio, quelli che vogliono guarirne il marcio in modo chirurgico, quelli che invocano la purificazione fingendo di ignorare che il calcio come tutto il resto del nostro modo di essere, di vivere è dominato dalla ricerca ossessiva del denaro, dall'uso asfissiante della pubblicità pansessuale, con il ricorso alle retoriche più viete. Abbiamo partecipato in questi giorni ardenti e irruenti dietro una palla di cuoio che va dove vuole, a recite dell'assurdo incredibili.

Un'operazione colossale di immagini, notizie, riti e miti è riuscita a dividere, a separare come incomunicabili due mondi, in realtà permeati l'uno dell'altro. Il mondo dei campioni che si disputano il primato sportivo e quello dei burocrati e affaristi che gravita sul calcio come affare. Il primo popolato da atleti giovani, belli e innocenti da adorare, da imitare, da celebrare, il secondo da parassiti, da ladri, da delinquenti. Ma siccome la ragione queste semplificazioni non le consente, finisce che la separazione fra gli atleti innocenti e i dirigenti mascalzoni si risolve in un macello generale. Gli atleti eroi della Juventus e del Milan che hanno ottenuto sul campo la vittoria sportiva vengono retrocessi, multati, penalizzati, accusatori impietosi e presuntuosi falciano tutti i fiori del campo pur sapendo benissimo che immaginare un calcio onesto e disinteressato in una società avida e marcia è una pura illusione. Ma come effetto palingenetico questa assurdità, queste contraddizioni fanno il loro effetto, il loro grande rumore. Sono uno degli aspetti di una transizione in cui non si sa in cosa credere, come e in che cosa identificarsi. Quale lingua parlare, quale scienza usare.

Notti magiche, notti roventi. La riscoperta di un nazionalismo senza nazione, di un patriottismo senza patria, di un'etica senza morale. Un caos appassionante dietro una palla che va dove vuole.

Indice

7   Introduzione

LA GUERRA COME AZZARDO

11   Non è più tempo di cirioleggiare

13   "Dateci i paletti!"

18   Fermati dal tenente Bulle

23   Il penoso armistizio

NOTABILI E MAESTRI

29   Il figlio del ministro

36   Bona parin

40   Quelli di Livio

44   Il cappello del Presidente

47   Bartolo e le barriques

50   Gobetti l'asceta

54   Metano e pasticcini

STORIE PARTIGIANE

61   Il tesoro della IV armata

65   L'imboscata

68   A lume di candela

72   I cannoni della Littorio

75   Il cibo e la vita

77   Ho rivisto Kesselring

NOI DEL MONTE BIANCO

83   Il Mont Maudit

90   Un botanico sul Bianco

93   I marrons del Moncenisio

95   I tre miracoli

ELOGIO DELLA PROVINCIA

101   Il grande giro

106   Beivumne una

109   La battaglia dell'Arneis

GLI ANNI DEGLI SCI VELOCI

115   Sciare sull'Etna

L'OCCITANIA

123   Uno della langue d'oc

126   I valdesi

IL GRANDE FIUME

131   La grande strada lucente

136   Il fiume nero

L'ITALIA A MISURA D'UOMO

143   Pozzo, Meazza e Piola

*Stampa Grafica Sipiel
Milano, ottobre 2006*